Líderes
Inovadores

Líderes
Inovadores

Ferramentas de Criatividade que Fazem a Diferença

Maria Rita Gramigna

Prefácio

Eraldo Montenegro

*M.*BOOKS

M.Books do Brasil Editora Ltda.

Rua Jorge Americano, 61 - Alto da Lapa
05083-130 - São Paulo - SP - Telefones: (11) 3645-0409/(11) 3645-0410
Fax: (11) 3832-0335 - e-mail: vendas@mbooks.com.br
www.mbooks.com.br

Dados de Catalogação na Publicação

Gramigna, Maria Rita
Líderes Inovadores/ Maria Rita Gramigna
2004 – São Paulo – M. Books do Brasil Editora Ltda.
1. Recursos Humanos 2. Administração 3. Treinamento

ISBN: 85-89384-37-3

© 2004 by M. Books do Brasil Editora Ltda.
Todos os direitos reservados.

EDITOR: MILTON MIRA DE ASSUMPÇÃO FILHO

Produção Editorial
Salete Del Guerra

Revisão de Texto
Sílvio Ferreira Leite
Fátima Campos
Lucrécia Barros de Freitas

Capa
MMA/ERJ

Ilustrações
Sérgio Faria Daian

Projeto Gráfico, Editoração e Fotolitos
J.A.G Editoração e Artes Gráficas Ltda.

2004
1ª edição
Proibida a reprodução total ou parcial.
Os infratores serão punidos na forma da lei.
Direitos exclusivos cedidos à
M. Books do Brasil Editora Ltda.

AGRADECIMENTOS

Em todos os caminhos que percorri na vida encontrei pontes e obstáculos. As pontes serviram para me ajudar a transpor fronteiras. Os obstáculos, para testar minha criatividade e me fazer reconhecer minhas fraquezas e fortalezas.

Ao escrever mais este livro, desejo agradecer àquelas pessoas que, direta ou indiretamente, foram minhas fontes de estímulo:

⚙ Aos diversos alunos dos seminários de criatividade pela disponibilidade em contribuir com suas experiências e participação, tornando as ferramentas apresentadas neste livro mais ricas.

⚙ À equipe de consultores da MRG – Consultoria e Treinamento Empresarial, que me auxiliou nas fases de elaboração do livro – da pesquisa de temas, sugestões de conteúdo, seleção de artigos, identificação de sites para pesquisas e feedback.

⚙ A Dora Altahyde, que contribuiu com seu conhecimento no Capítulo 6, apresentando a MRP – Metodologia de Resolução de Problemas.

⚙ A todos os professores do MICAT – Master em Criatividade Total Aplicada da Universidade de Santiago de Compostela –, por seus ensinamentos, em especial ao professor David de Prado Díez, meu mentor durante o curso.

⚙ A Marco Antônio Gramigna, que sempre incentivou minhas incursões como autora e não me deixou desanimar nas diversas vezes em que perdi dados importantes do meu computador (até hoje não consigo dominar bem essa máquina!).

⚙ A Eraldo pela oportunidade oferecida para difundir meu conhecimento, através deste livro.

PREFÁCIO

A longa caminhada, de mais de 40 anos no exercício da profissão, proporcionou-me a construção de um rico acervo de observações que me garante a articulação das idéias do que hoje escrevo, como prova de gratidão pelas oportunidades que a vida me proporciona.

Muitas foram as teorias que vi emergir trazendo a promessa de grandes transformações. Umas, mais moderadas, ofereciam, a passos comedidos, bons efeitos ao longo do tempo. Outras, mais agressivas, radicalizavam seus desdobramentos sob o anúncio de resultados de curto prazo. Poucas resistiram à força das que se seguiram.

Dos pequenos negócios aos grandes empreendimentos, desfilaram propostas construídas com objetivos variados, guardando como elemento comum a obtenção de ganhos. A evolução tecnológica, as mudanças econômicas, as crises políticas e tantos outros agentes influenciaram o destino de cada autor e, ao longo dos anos, a morte de muitos coloca-os na história ou no anonimato definitivo.

No universo dos gestores destacam-se nomes trazendo propostas inovadoras para as épocas em que viveram. Influenciaram gerações. Alguns mitos preservaram suas histórias em biografias construídas por redatores profissionais. E, assim, tornaram-se referências. São adorados e odiados. Agentes de mudanças, eles desafiam sucessores e, não raramente, fazem escola.

Ponho-me a refletir sobre um cenário tão diverso, em que a ação do homem define o fator que tudo modifica, e busco identificar o elemento comum que permeia todas as atividades.

Encontro a resposta na criatividade.

É por agir criativo que o homem toma consciência do diferente e inova.

Ao constatar a velocidade com que tudo acontece nos nossos dias, convenço-me de que saber lidar com os elementos da criação significa um diferencial, quando agregar valor ao negócio define o desafio.

Em "Líderes Inovadores", Maria Rita Gramigna torna disponível, para milhares de profissionais, um conjunto de ferramentas largamente empregadas nas suas atividades de treinamento, com os melhores resultados.

Uma rara oportunidade de possuir um instrumental elaborado com muita experimentação e oferecido para aplicação imediata.

ERALDO MONTENEGRO
Diretor-presidente da Divulgar Serviços Ltda.

SUMÁRIO

Orientações ao Leitor xi

Apresentação xiii

1. INTRODUÇÃO À CRIATIVIDADE 1

1.1 Cenários.. 1

    1.1.1 Contexto Empresarial Relativo à Qualidade e à Competitividade 1

    1.1.2 Situação Sociopolítica-Econômica... 1

    1.1.3 Tecnologia 2

    1.1.4 Gestão 2

    1.1.5 Como as Lideranças Poderão Agir Frente ao
    Contexto Apresentado? 3

1.2 Potencial, Mitos e Informação.. 3

    1.2.1 Definições de Criatividade.. 4

    1.2.2 Criatividade e Inovação 5

    1.2.3 Aspectos da Inteligência Humana Mais
    Valorizados em Nossa Cultura?... 9

1.3 Bloqueadores da Criatividade 9

    1.3.1 Os Medos.. 9

    1.3.2 Fatores Que Estimulam a Criatividade 10

    1.3.3 Proposta de Reflexão 15

1.4 As Três Gerações da Criatividade.. 16

1.5 O Funcionamento do Cérebro Humano 17

1.6 A Quadratividade Cerebral – Ned Herrmann.............................. 18

    1.6.1 Comportamento Humano Segundo Herrmann 18

1.7 Perfil de Competências do Líder Criativo.................................... 22

    1.7.1 As Atitudes (representadas pelas raízes) 22

    1.7.2 O Conhecimento (representado pelo tronco) 23

    1.7.3 As Habilidades (representadas pela copa e seus frutos)................... 23

1.8 O Que é Inovação? 24

    1.8.1 Espaços para a Inovação 26

    1.8.2 As Tendências de Inovação em uma Empresa – Como Medir? 27

    1.8.3 Diagnóstico: o Ambiente em Que Você Está é
    Favorável à Inovação? 29

1.9 A TECNOCREÁTICA e as Exigências do Mercado........................ 31

2. FERRAMENTAS DA CRIATIVIDADE 35

2.1 TI – Turbilhão de Idéias 35
   2.1.1 Características do Turbilhão de Idéias 35
   2.1.2 Etapas do TI 36
   2.1.3 A Prática do TI – Turbilhão de Idéias 37
   2.1.4 Como Aplicar o TI – Passos 38

2.2 Mapeamento Mental (Mind Map) 41
   2.2.1 Base Teórica 43
   2.2.2 A Estrutura do Mapeamento Mental 44
   2.2.3 Regras do Mapeamento Mental 45
   2.2.4 Situações para a Aplicação do Mapeamento Mental? ... 46

2.3 Relaxamento Criativo 49
   2.3.1 O Que é Relaxamento Criativo? 50
   2.3.2 Por Que é Necessário Relaxar? 50

2.4 Liderança por meio dos arquétipos 53
   2.4.1 O Caminho do Viajante 54
   2.4.2 O Caminho do Guerreiro 57
   2.4.3 O Caminho do Bom Humor (Bufão) 59
   2.4.4 O Caminho do Mago 61
   2.4.5 O Caminho do Destrutor 63
   2.4.6 O Caminho do Mentor 65
   2.4.7 O Caminho do Artista 66
   2.4.8 O Caminho do Crítico 69
   2.4.9 O Caminho da Coerência 70
   2.4.10 O Caminho do Amante 72
   2.4.11 Atividades Práticas para Cada Arquétipo 75

2.5 Pensamento lateral e os seis chapéus 88
   2.5.1 A Ferramenta dos Seis Chapéus para Lideranças 89
   2.5.2 A Ação Criativa e os Seis Sapatos Atuantes 94
   2.5.3 A Prática do Pensamento Lateral 98

2.6 MRP – METODOLOGIA DE RESOLUÇÃO DE PROBLEMAS 105
   2.6.1 Apresentação 106
   2.6.2 Os Precursores 106
   2.6.3 Como Utilizar a MRP 108

BIBLIOGRAFIA 117

ORIENTAÇÕES AO LEITOR

Uma leitura criativa pode ser lúdica e instigante.

Para que você obtenha essas vantagens, apresentamos um personagem que interage com o leitor ao longo das páginas. Ele é muito versátil, perceptivo, curioso, dinâmico, interessado, prático, flexível, intuitivo, bem-humorado, persistente, sensível e gosta de ser desafiado. Seu nome é Norte Adhor.

Norte Adhor percebe nas entrelinhas o que, aparentemente, não está visível.

Quando usa sua lupa, concentra a atenção no que está vendo, extrapola o conteúdo lido, estabelece associações com o que já conhece e sempre obtém um aprendizado novo. Norte Adhor é muito simples. Ele não sabe que sabe e, por isso mesmo, cada vez torna-se mais sábio.

Toda vez que você se deparar com Norte Adhor e sua lupa, acompanhe seus passos: pare um pouco e dê total atenção ao que está escrito.

Eis o Norte Adhor nos momentos de concentração.

Quando nosso personagem percebe que já possui um certo conhecimento ou domínio do assunto, ou que naquela hora não é necessário demorar muito na leitura, ele "corre os olhos" rapidamente pela página e segue em frente. Ele é um pouco apressadinho...

Se ele correr, vá atrás e leia superficialmente o trecho, para voltar mais tarde.

Veja Norte Adhor correndo.

Norte Adhor aprendeu que para praticar é necessário informar-se e conhecer bem aquilo que vai usar. Ele sempre se arrisca a fazer o que é sugerido nos livros, depois de tirar suas dúvidas. Se você acompanhar nosso personagem, certamente terá muito sucesso com a prática dos ativadores da criatividade. Veja Norte Adhor em ação.

Então, vamos relembrar?

Personagem com lupa: parar e ler com atenção, anotando o que achar importante, ou marcando em um caderno.

Personagem correndo: leitura rápida para retomar mais tarde, se tiver alguma dúvida.

Personagem agindo: colocar em prática o que está sendo sugerido, mesmo que não seja no momento da leitura.

APRESENTAÇÃO

A criatividade é a condição necessária para a inovação.

Quando melhoramos um processo, um projeto ou uma estratégia empresarial, estamos inovando. A capacidade de criar e inovar é uma das competências mais requisitadas na atual conjuntura.

A criatividade permite que uma empresa, ou organização, se diferencie das outras, destacando-se e angariando a adesão de clientes e novos mercados.

Dentro de poucos anos, para sobreviver com sucesso, as organizações terão de inovar em suas práticas.

No século passado, constatamos a falência dos antigos modelos sociais, políticos e econômicos, e convivemos com a era das mudanças de paradigmas mais radical de todos os tempos. O gestor que lançar seu olhar para o novo e ampliar sua percepção, terá maiores chances de participar desse movimento pela inovação.

A criatividade é um tema que faz parte do contexto atual das organizações que buscam a própria reinvenção.

Turbulências de toda ordem, mudanças inusitadas no mercado e novas práticas surpreendem os menos avisados.

Quando clientes se posicionam e exigem produtos e serviços de custo baixo e alta qualidade, por exemplo, as empresas criativas aproveitam a demanda e alavancam novas práticas e estratégias.

Se um mesmo produto ou serviço, de qualidade e preço similares, é negociado por empresas concorrentes, que diferencial deve ser apresentado para garantir espaço no mercado?

É fundamental que empresários, gestores e líderes abordem essa questão como um problema que deve ser resolvido pela ótica da criatividade.

Estamos vivendo o momento em que as tecnologias de vanguarda facilitam e permitem a expansão do processo criativo. A cada dia, torna-se mais curta a distância entre o fato e a informação. Todos os meios que possibilitam saber o que acontece em qualquer parte do planeta estão ao nosso alcance com uma agilidade ímpar. O mundo ficou pequeno!

Conhecimento sem uso é um patrimônio pessoal. Podemos colocá-lo ao alcance de todos com o auxílio da criatividade. Ela agrega valor a esse patrimônio.

A matéria-prima gerada pela tecnologia – fatos, informações e dados – só é útil quando acompanhada por insights. Ao estabelecermos conexões entre os dados e chegarmos à heureca (achado, descoberta), as ações criativas tornam-se inevitáveis

Líderes Inovadores

e corriqueiras.

Este livro foi organizado de maneira a repassar aos líderes as principais informações e algumas ferramentas práticas, já validadas no mercado, contribuindo para o desenvolvimento da competência criatividade.

Dentre elas destacamos:

TI – Turbilhão de Idéias

Metodologia criada por David de Prado Diéz a partir do *brainstorming*.

O TI apresenta uma seqüência de ações, culminando com o resultado em forma de produto ou idéia completa.

É uma das ferramentas mais usadas no aprofundamento e exploração de conceitos, na geração de idéias, na resolução de problemas ou na tomada de decisões.

Dentre suas diversas vantagens, o TI é uma ferramenta democrática que estimula a participação das pessoas e auxilia na fixação da aprendizagem, além de colher mais de uma solução para o mesmo desafio. A construção dos conceitos, soluções, produtos, idéias ou planos pode ser gerada por equipes, que também assumem os resultados como sua responsabilidade.

Por tratar-se de uma ferramenta versátil, apresento uma sugestão de aplicação prática, utilizando uma situação simulada, em que o gestor é o facilitador do processo. Ela poderá ser usada como referência na estruturação de roteiros reais para uso na empresa.

Mapeamento Mental – Mind Map

Técnica que aproxima a forma de registrar idéias à forma de pensar.

Utilizando-se dos estudos sobre o pensamento irradiante, a capacidade de associação e a multissensorialidade do cérebro humano, Tony e Barry Buzan desenvolveram uma excelente ferramenta de planejamento que instiga a imaginação e a visão sistêmica.

A técnica do Mapeamento Mental é muito envolvente. Com o uso de cores, símbolos, desenhos e poucas palavras, pode-se fazer em uma folha:

- um plano de acompanhamento de projetos.
- um resumo de reunião.
- um esquema de livro ou texto interessantes.
- um plano de aula.
- a agenda da semana ou mês.

Apresentação

- a pauta de uma reunião.
- as metas para o ano.

Além de informações sobre a ferramenta, apresento uma série de mapas mentais, indicando sua utilização.

Relaxamento Criativo

As melhores soluções para os problemas surgem nos momentos em que estamos relaxados ou despreocupados.

A prática do relaxamento criativo, além de contribuir para a minimização do estresse, cria ótimas condições para a criatividade e a produtividade, colaborando para a eliminação de tensões e a obtenção do estado de harmonia interna, necessário para a geração de idéias.

Nesta seção, o leitor encontrará informações e sugestões para a prática do relaxamento criativo.

Liderança por meio dos Arquétipos

O profissional deste milênio necessita viver seu processo de capacitação e desenvolvimento e precisa empreender uma jornada de aprendizagem contínua.

Os arquétipos são estruturas básicas do inconsciente coletivo, são retratados por meio de diversas formas de expressão. Configuram uma herança psicológica geral da qual somos depositários. Os arquétipos instigam formas determinadas de enfrentar a vida, atitudes particulares que aparecem em imagens universais.

Eles se manifestam na história por meio da religião, da arte, da literatura e nos diversos modelos de cultura.

Podemos nos apropriar de um ou vários arquétipos, de forma consciente ou não, tornando realidade nossos planos pessoais e/ou profissionais. Eles servem de guia para nossas ações.

Os arquétipos têm o seu lado luminoso e o seu lado sombrio. O lado sombrio manifesta-se pela ausência ou pelo excesso.

Reconhecer a dose dominante que possuímos de cada arquétipo é o passo fundamental para a compreensão de nossa realidade interna.

Nossa proposta, nesta seção, é proporcionar essa caminhada pela compreensão de cada arquétipo em seu lado "luz" e, ao mesmo tempo, oferecer atividades simples que permitam trabalhar cada um deles, harmonizando os excessos e ampliando a escassez.

Pensamento Lateral

O pensamento lateral é uma expressão usada e desenvolvida por Edward De Bono, um dos maiores pesquisadores do pensamento criativo dos séculos XX e XXI. Neste capítulo, teremos como pano de fundo duas de suas obras: *Seis Chapéus* e *Seis Sapatos Atuantes*. A partir das metáforas desenvolvidas por De Bono, apresento exercícios e ferramentas para a prática do pensamento criativo e da ação empreendedora.

Utilizando as metáforas dos chapéus e sapatos, o leitor poderá identificar os diversos estilos pessoais de pensamento e os modos de ação no gerenciamento de equipes.

Metodologia de Resolução de Problemas

Os desafios e as dificuldades do cotidiano podem ser resolvidos com uma metodologia específica. A proposta deste capítulo é descrever a MRP – Metodologia de Resolução de Problemas – em seu passo a passo, facilitando a tomada de decisão e abrindo horizontes para diversas soluções.

Convido-os a percorrer estes caminhos da criatividade, enfrentando os desafios propostos e praticando as atividades sugeridas.

1. INTRODUÇÃO À CRIATIVIDADE

1.1 CENÁRIOS

Da invenção da roda à era da tecnologia, a dinâmica dos mercados resulta no estabelecimento de um clima de dúvidas e incertezas frente às mudanças e aos desafios do cotidiano.

Observando à nossa volta, podemos perceber, principalmente no Brasil, um quadro repleto de situações paradoxais, que, se bem administradas e tratadas com criatividade, poderão transformar o atual contexto em oportunidades.

É necessário enxergar por trás do espelho, desvendar os diversos ângulos da questão. Se por um lado estamos diante de grandes empecilhos, por outro temos uma série de forças propulsoras à ação, a saber:

1.1.1 Contexto Empresarial Relativo à Qualidade e à Competitividade

Forças propulsoras

⚙ Número significativo de empresas que já instalaram a cultura da qualidade como competência, tornando-se mais competitivas (produtos e serviços com melhor qualidade e menor preço).

⚙ Clientes a cada dia mais informados e conscientes de seus direitos, investindo na dobradinha "qualidade X preço".

Forças restritivas

⚙ Algumas empresas preocupadas com produtividade e controles internos ainda não perceberam a necessidade de investir no desenvolvimento da competência das pessoas – o que realmente torna a qualidade uma realidade.

1.1.2 Situação Sociopolítica-Econômica

Forças propulsoras

⚙ Flexibilização gradativa da legislação brasileira, permitindo nossa participação em novos mercados.

⚙ Tendência à estabilização da economia, podendo gerar um padrão de vida melhor para os trabalhadores e permitir a sobrevivência de empresas bem administradas.

Forças restritivas

☼   Custo Brasil (carga tributária altíssima) interferindo de forma negativa nas exportações e ampliação de mercados.

1.1.3 Tecnologia

Forças propulsoras

☼ Parque industrial modernizado por meio de investimentos próprios ou em parcerias com empresas estrangeiras.

☼ Tecnologia da informação à disposição de todos e com custos razoáveis.

Forças restritivas

☼ Alguns pólos industriais implantando programas de demissão em massa, causados pela modernização dos seus parques (automação).

1.1.4 Gestão

Forças propulsoras

☼ Empresas prestadoras de serviço com foco nas necessidades dos clientes, melhorando seu padrão de atendimento.

☼ Paralelamente aos investimentos em tecnologia, os empresários estão priorizando programas de desenvolvimento das competências para seus colaboradores.

☼ Os modelos de gestão mudaram, passando de uma cultura centralizadora e autoritária para a cultura participativa, com incentivo às ações empreendedoras.

☼ Níveis hierárquicos sendo reduzidos, permitindo maior agilidade nos processos decisórios.

☼ Clima de trabalho em transformação, gerando, como conseqüência, trabalhadores mais motivados e comprometidos com suas funções.

Forças restritivas

☼ Mudanças nos modelos de gestão – do centralizador ao participativo – gerando insatisfação para aqueles que compartilharam poder em suas células de trabalho. Conflitos latentes hoje são explicitados.

☼ Apesar de bem equipadas tecnologicamente, a maioria das empresas ainda tem dificuldades para lidar com as mudanças de paradigmas. Seus profissionais apresentam discursos modernos e uma prática baseada em crenças e em valores antigos.

- Jogos de poder, competição interna, centralização de informações e outras atitudes pouco efetivas permanecem como práxis.
- Pensamento dos dirigentes ainda baseado no lucro fácil, mesmo com a economia mais estável.
- Redução do consumo de produtos e serviços e aumento da economia informal.

1.1.5 Como as Lideranças Poderão Agir Frente ao Contexto Apresentado?

Nos momentos de crise está a oportunidade para colocar em cena a criatividade. Utilizando sua percepção, ferramentas adequadas e ações compartilhadas, os gestores têm um caminho a percorrer no que se refere à superação das forças restritivas à sua ação.

Investindo em um novo pensar e em um novo agir, o líder impulsionará mudanças e poderá melhorar o que deve e pode ser mudado e melhorado.

1.2 POTENCIAL, MITOS E INFORMAÇÃO

O ser humano possui um imenso potencial criativo e é passível de trilhar sua trajetória pessoal nos caminhos da criatividade.

A expressão nasce com a vida. É a manifestação mais natural das pessoas. Desde o momento da concepção, o feto já inicia seu processo de movimento.

Ao longo da nossa existência, participamos de um contexto que favorece ou tolhe nossas possibilidades de expressão e nosso potencial.

Sem dúvida, uma das grandes responsáveis pela falta de auto-estima e descrença nas possibilidades pessoais é a nossa educação.

Desde pequenos aprendemos que o certo está dentro de determinados padrões, e, quando fugimos da forma básica, somos duramente criticados pelos adultos.

Reneé Spitz, em seu estudo sobre o comportamento humano, aponta várias conseqüências da palavra "não" em nossas vidas. Uma criança que recebe negativas em suas tentativas de expressão livre, certamente será um adulto limitado em sua criatividade, pois sempre estará atuando na vida com medo de errar.

Além da convivência familiar, quando passamos para a educação formal, deparamo-nos com um desequilíbrio nos programas educativos básicos, que favorecem o desenvolvimento intelectual e cognitivo, deixando em segundo plano o emocional e o afetivo. Há uma preocupação com a quantidade de conhecimento em detrimento da expressão total do indivíduo.

Na medida em que nos sentimos tolhidos por mandatos, cultivamos muitos mitos e medos e deixamos de ser criativos.

Alguns mitos mais cultuados

1. A criatividade é um dom de gênios.
2. Se eu for criativo, não serei reconhecido como pessoa séria.
3. Criatividade e desorganização caminham juntos.
4. A criatividade é uma competência nata.
5. Ser criativo é fugir dos padrões de normalidade.
6. Todo ser criativo é um pouco "louco".

Esses mitos são instalados nos ambientes em que vivemos na medida em que a informação é substituída por crenças pessoais sustentadas por preconceitos. De forma a derrubar tais mitos, vamos conhecer os estudos mais recentes sobre inteligência e criatividade.

1.2.1 Definições de Criatividade

O tema criatividade é estudado por uma gama de profissionais de áreas, países e culturas variados.

As idéias sobre criatividade variam de pessoa para pessoa e, quase sempre, seus conceitos se complementam.

Etimologicamente, as palavras criar e criatividade estão relacionadas ao termo **"greer" = fazer, produzir** (grego) e ao termo **"crescere" = crescer** (latim).

A origem da palavra dá vida à idéia de criatividade e nos impulsiona a realizar, agir, fazer.

A maioria das definições diz respeito a essa idéia de *movimento*. Vejamos algumas:

"A criatividade é a matriz construtiva de um novo estilo de pensar e expressar-se ao ensinar e aprender, ao comportar-se pessoalmente e ao trabalhar profissionalmente, ao abordar qualquer tema, objeto ou problema em todos os aspectos da vida pessoal, social e profissional." **(David de Prado)**

"É um traço individual categórico que envolve uma série de variáveis, incluindo a capacidade investigativa, estética, mobilidade, capacidade para funcionar frente aos desafios, objetividade e motivação intrínseca." **(David Parkins)**

"É o processo que resulta de um trabalho, idéia ou objeto novos, que é aceito, útil e que satisfaz a determinados grupos." **(Stein)**

"Processo de mudança, de desenvolvimento e evolução na organização da vida subjetiva." **(Ghiselin)**

"Processo intelectual cujo resultado é a produção de idéias novas e úteis." **(Taylor)**

"Uma certa maneira de comportar-se frente a um problema, usando flexibilidade, fluidez, originalidade e elaboração." **(Guilford)**

"Criatividade é o processo por meio do qual as idéias são geradas, desenvolvidas e transformadas em valor. Implica descobrir maneiras novas e efetivas de lidar com o mundo, resolver problemas e ampliar o círculo de influências." **(John Kao)**

As palavras centrais, relacionadas à criatividade, referem-se à ação, ao movimento, ao agir. Vejamos:

- Expressar-se
- Processo
- Evolução
- Desenvolvimento
- Flexibilidade
- Fluidez
- Originalidade
- Elaboração

1.2.2 Criatividade e Inovação

O agir criativo quase sempre implica inovação que ocorre quando algo é criado para melhorar um sistema.

A inovação poderá manifestar-se nas organizações em diversos contextos: na melhoria de processos, nas mudanças de layout, nas novas formas de abordar o cliente, na aquisição e manejo de tecnologias de vanguarda, na elaboração de novos produtos e/ou serviços, na proposição de uma logística mais ágil e assertiva ou uma forma própria e motivadora de liderança. Enfim, os espaços para a inovação estão disponíveis e prontos para serem ocupados pelos líderes.

Até bem pouco tempo, a criatividade era vista pelas empresas como algo intangível, destinado a poucos **gurus.** Algo reservado a artistas, pessoas incomuns e gênios.

As pesquisas e os estudos desenvolvidos nessa área sinalizam em direção à retomada da criatividade como uma disciplina que pode ser desenvolvida e aprendida, possibilitando a todos os profissionais o acesso à sua prática.

A maioria dos contextos em que convivemos aponta como "inteligentes" aqueles que se destacam nas áreas valorizadas pelo conhecimento formal. Um físico nuclear é mais bem-visto do que um artista. Um engenheiro leva vantagens sobre um escritor ou poeta. Enfim, os valores recaem sobre um determinado tipo de inteligência: a lógico-matemática.

Os estudos de **Haward Gardner** sobre as inteligências múltiplas comprovam que nascemos com um potencial ilimitado e, dependendo das condições às quais somos submetidos, este potencial poderá se expressar (ou não) por meio de diversas formas de inteligência.

Abordando o tema da ótica do líder, vamos tratar do **FATOR QUIM – Quociente de Inteligências Múltiplas.**

Nos últimos anos, as exigências de mercado para a função gerencial apontam novas competências e indicadores de desempenho antes desconsiderados.

Você já se fez estas perguntas: O que é inteligência? Quais os tipos de inteligência reconhecidos no meio científico e empresarial? Que aspectos da inteligência são valorizados em nossa cultura?

O ser humano é o único animal que tem habilidade para inventar e criar.

Os outros seguem instintos e padrões, repetindo o comportamento de suas espécies.

Tal capacidade permite ao homem ser o construtor de seu próprio destino.

Vivemos hoje em uma era repleta de contrastes: enquanto a tecnologia está cada vez mais avançada, facilitando nossa vida, a crise nos sistemas político, social e econômico se fazem presentes.

O contexto em que está situado nosso mercado reforça a idéia do gestor como um ser inteligente, que sabe lidar com paradoxos e se adapta às diversas mudanças do ambiente. Deve possuir competência para inovar, criar e gerar resultados.

As expressões liderança e inteligência caminham lado a lado.

O que é ser inteligente?

Aurélio Buarque de Holanda descreve inteligência como a "capacidade de aprender, apreender ou compreender; inclui percepção, apreensão, intelecto, intelectualidade, capacidade de adaptar-se facilmente, agudeza, perspicácia, destreza mental, habilidade".

Se compararmos o conceito de inteligência de Aurélio às exigências do novo perfil de liderança, perceberemos uma convergência: ambos destacam um rol de atitudes e habilidades humanas.

De que valem os ensinamentos e o conhecimento adquiridos na educação formal ou em cursos específicos, se eles não vêm agregados a um perfil comportamental adequado?

Líder inteligente, hoje, é aquele que possui um conjunto de competências disponíveis de forma assertiva, o que faz com que se destaque em contextos variados.

Que formas de inteligência o líder precisa desenvolver?

De acordo com Haward Gardner a inteligência humana apresenta-se sob sete formas. Distribuídas entre diversas atividades e profissões, as inteligências se intercalam, se misturam, se complementam e, quando reunidas, fortalecem aqueles que as possuem.

O quadro a seguir demonstra a influência de cada uma das sete inteligências na ação profissional.

As Sete Inteligências	Influência na Atuação do Líder
1. Inteligência lingüística: dom de poetas, escritores e oradores, que fazem uso corrente e fluido da linguagem.	No dia-a-dia, o líder necessita comunicar-se de todas as formas possíveis. Dominando a inteligência lingüística, agirá com maior desenvoltura nos diversos papéis existenciais.
2. Inteligência lógico-matemática: presente nos cientistas, matemáticos e pesquisadores, que usam o racional como elemento norteador de suas ações.	O líder que desenvolve esse tipo de inteligência apresenta habilidade no desenvolvimento de estratégias, na avaliação de planos, na análise imparcial de dados e fatos significativos para o negócio, o que influencia sobremaneira a qualidade de sua tomada de decisões.
3. Inteligência musical: habilidade daqueles que são atraídos pelo mundo dos sons. Com a música, obtém-se	Respeitar ritmos (dos outros e próprios), perceber os diversos tons das pessoas, tornar o ambiente harmonioso e motivador

ritmos, sons e melodias que fazem a história da arte.

4.   Inteligência espacial: observada nos profissionais que apreciam o visual – geralmente pintores, escultores, pilotos de aeronaves, asa-delta etc.

são elementos fundamentais na ação do líder. Qualidade de vida no trabalho é uma bandeira hasteada nos novos tempos.

Ocupar espaços de forma assertiva e deixar espaços para o crescimento da equipe. Eis um alerta àqueles que querem se engajar no perfil profissional das empresas de vanguarda. Fazer parte de um time, esculpir um projeto e apreciar os resultados estão na ordem do dia.

5.   Inteligência sinestésica: domínio corporal e do movimento, presente em atores, dançarinos e desportistas.

Deslocar-se, movimentar-se nos vários contextos empresariais, conhecer as diversas realidades, tornar disponíveis as competências e colaborar para o "gol". Atitudes que ajudam o líder criativo a "tocar" na sensibilidade e motivação das pessoas.

6.   Inteligência interpessoal: habilidade de entender e tratar outras pessoas com sensibilidade. Capacidade de influir no comportamento do outro. Presente nos profissionais de vendas, mestres, psicólogos e terapeutas em geral.

Uma das competências mais exigidas na atualidade. Hoje é considerado um bom líder aquele que consegue trabalhar em times, fortalecer a equipe e desenvolver talentos.

7.   Inteligência intrapessoal: capacidade de autoconhecimento. Consciência do próprio potencial, debilidades, temores e sonhos. Tal inteligência exige autodisciplina e perseverança.

O autoconhecimento conduz ao desenvolvimento pessoal. Todas as outras inteligências são influenciadas pela intrapessoal. Conhecer-se, olhar para si, descobrir-se fazem parte da caminhada dos líderes de sucesso.

1.2.3 Aspectos da Inteligência Humana Mais Valorizados em Nossa Cultura?

A educação privilegiou e privilegia as inteligências lógico-matemática e lingüística, deixando em segundo plano as restantes.

Em uma sociedade essencialmente cartesiana, a predominância do racional sobre o emocional e intuitivo é evidente. Paradoxalmente, as portas estão se abrindo para aqueles que dominam as inteligências menos estimuladas. Talvez por esse motivo, eu tenha convivido com líderes que, depois de algum tempo de experiência nas suas funções, fazem das atividades alternativas seu lazer regular.

Tornou-se comum encontrar executivos jogando boliche ou tênis nos finais de semana, participando de corais ou grupos musicais, praticando esportes radicais (ou não), enfrentando montanhas em um desafiante *trail*, organizando festas e bazares em seus bairros, produzindo obras de arte em argila, pintando telas (às vezes meio surrealistas). Intuitiva ou intencionalmente, esses líderes colherão os frutos de suas iniciativas, ampliando seu QUIM – Quociente de Inteligências Múltiplas.

A interconexão entre as sete inteligências dá ao ser humano a base para desenvolver o princípio da TECNOCREÁTICA – pensar com todo o cérebro e expressar-se com todo o ser.

1.3 BLOQUEADORES DA CRIATIVIDADE

O desenvolvimento da criatividade e da inventiva é afetado pela presença de barreiras ou bloqueios mentais que impedem a geração livre de idéias e o uso adequado das informações disponíveis.

1.3.1 Os Medos

Somos culturalmente medrosos e preferimos, muitas vezes, deixar de fazer algo a tentar e falhar. Nossa história está marcada por mandatos que nos estimulam à passividade e nos fazem ter medo de agir.

O ser humano cultiva alguns **medos aprendidos**, dentre eles:

- de se expor.
- de ousar.
- de transgredir.
- de errar.
- da crítica.

Reconhecê-los e superá-los é o passo fundamental em direção à expressão do potencial.

A criatividade está diretamente ligada à ação e à possibilidade de superar medos. É uma forma de perceber, sentir e se comportar que resulta em uma resposta prática e usual a problemas e desafios. É correr riscos calculados.

Até bem pouco tempo a criatividade era pouco valorizada nos meios empresariais – período em que as mudanças não eram estimuladas. O barco navegava em águas mansas, sem alterações na maré. Não precisavam alterar seu curso.

Justamente na calmaria perdeu-se de vista o valor da criatividade e da necessidade de buscar novas alternativas.

Hoje, estamos vivendo tempos em que os mares a cada dia se agitam mais, sendo necessário descobrir novas rotas, novos procedimentos de navegação – ou o barco poderá afundar.

A quem cabe essa tarefa? A todos que estão envolvidos em qualquer empreendimento – do líder aos colaboradores. Entretanto, a principal responsabilidade pela iniciativa do processo é do gestor – aquele que detém o poder de decisão e que determina os rumos da empresa. É ele quem inicia o processo.

Inovação e criatividade são requisitos imprescindíveis no atual contexto. Cabe ao dirigente buscar respostas às perguntas: Criar para quê? Mudar em que direção? Inovar de que maneira?

1.3.2 Fatores Que Estimulam a Criatividade

No prefácio do livro *Grande idéia – como desenvolver e aplicar sua criatividade*, o autor Charles Thompson entrevista Yoshiro Nakamats – detentor de mais de 2.300 patentes de invento, dentre elas o disquete flexível de computador, o *compact disc*, o *CD player* e o relógio digital.

Das falas de Yoshiro, selecionei algumas condições básicas, favoráveis à criatividade, que poderão servir como orientação e avaliação de ambiente, para aqueles que pretendem iniciar um programa de criatividade em suas empresas.

Introdução à Criatividade

- ✿ Encarar a concorrência como desafio.
- ✿ Dar espaços e liberdade para criar.
- ✿ Manter ambiente e clima adequados.
- ✿ Buscar um método, agir com foco.
- ✿ Cultivar a cultura de participação e gerar possibilidades de interação.

Contrariando as afirmações de Yoshiro, encontramos no ambiente organizacional um contexto pouco favorável à ação, facilitando o estabelecimento dos bloqueios à criatividade, que estão presentes em categorias variadas, a saber:

Bloqueios psicológicos

✿ O simples fato de sair da rotina faz com que as pessoas se sintam bloqueadas e inibam sua ação espontânea. É mais fácil permanecer na segurança do cotidiano do que enfrentar novos desafios.

✿ Os hábitos mentais de responder automaticamente a um estímulo podem levar as pessoas a agirem de forma preconcebida, o que interfere em sua capacidade de gerar resultados

✿ Os medos sociais se fazem presentes no processo diário de trabalho: medo de errar, de não agradar, da crítica, de não ser admirado, de ser rejeitado, de não estar à altura do grupo.

✿ A insegurança psicológica, causada pela baixa auto-estima e pelo auto-conceito, interfere na ação cotidiana das pessoas.

Bloqueios socioeducativos

✿ A dependência da autoridade, reflexo de uma cultura autocrática, interfere na ação espontânea e na iniciativa para enfrentar desafios.

✿ A dependência de outras opiniões, o estilo de pensamento reprodutivo e a tendência a fazer o que os outros fazem podem causar dificuldades na demonstração do potencial criativo.

✿ O desconhecimento de outros métodos e maneiras de expressão limita as pessoas a repetirem situações conhecidas.

Bloqueios grupais

✿ A presença de líderes carismáticos, chefes centralizadores e pouco tolerantes reflete-se no comportamento dos grupos.

✿ A prática da desqualificação do outro (*Eu sempre estou com a razão e você não sabe nada.*) impede que as pessoas demonstrem suas competências no grupo.

Bloqueios organizacionais

⚙ O sistema hierárquico rígido, presente em algumas organizações, bem como a dificuldade em enxergar a empresa como um sistema, também são fatores impeditivos à inovação e à criatividade.

⚙ A inflexibilidade e o pouco espaço para a tomada de decisões desfavorecem a iniciativa e a ousadia de correr riscos calculados.

Bloqueios socioculturais

⚙ A presença da cultura paternalista apoiada por decisões centralizadas, ainda presente nas empresas brasileiras.

Além da nomeação dos bloqueios apresentados anteriormente, Margaritha Sanchez aponta outros fatores limitadores passíveis de serem observados no comportamento das pessoas:

1. *Polarização*

Adoção de posições extremas, causada geralmente por falhas na percepção.

A pessoa: ⚙ considera somente uma parte da informação que recebe.

⚙ sustenta seus conceitos com argumentos que mostram uma visão incompleta da realidade.

2. *Rigidez*

Inflexibilidade para mudar enfoques e pontos de vista.

A pessoa: ⚙ tende a utilizar padrões em cadeia e pensamento linear.

⚙ tem dificuldades para incorporar novas informações e enriquecer seus pontos de vista com os de outras pessoas e não aceita argumentos diferentes dos seus.

3. *Egocentrismo*

Visão de túnel, centrada em si mesma.

A pessoa: ⚙ enxerga os fatos pensando na forma como a afeta.

⚙ não consegue analisar situações de maneira imparcial.

4. *Parcialismo*

Visão de parte de uma situação, geralmente por insuficiência de percepção.

A pessoa: ⚙ analisa somente partes de uma situação.

⚙ não tenta obter uma visão geral dos fatos.

Introdução à Criatividade

5. Visão Otimizada da Realidade

Observação de elementos soltos, sem integrá-los a uma totalidade nem relacioná-los entre si.

A pessoa:
- percebe e observa elementos soltos.
- forma juízos, argumentos, descrições e conclusões sem significados pertinentes ao contexto.

6. Opiniões Sem Respaldo

Emissão de conclusões apressadas sem obter as informações necessárias.

A pessoa:
- opina sem ter a informação completa.
- argumenta sem bases conceituais e sem justificativas apropriadas.
- não usa o pensamento para explorar possibilidades.
- emite opiniões geralmente baseadas em preconceitos, crenças pessoais, emoções, idéias fixas etc.

7. Fixação em Determinado Tempo

Observação somente de certos períodos de tempo.

A pessoa:
- vive do passado.
- pensa só no tempo presente ou futuro.
- só observa curtos períodos de tempo.
- tem dificuldades em perceber a relação entre passado, presente e futuro.

8. Distorções de Valores

Dificuldades para perceber e lidar com variáveis de contextos.

A pessoa:
- exagera os dados ao descrever fatos e situações.
- formula generalizações apressadas sem bases reais e objetivas.
- gera argumentos aparentemente lógicos para sustentar ou defender seus pontos de vista.

9. Pensamentos Contrários

Adoção de posições contrárias que dificultam a comunicação eficaz e a busca de consenso.

A pessoa:
- enfatiza suas posições em detrimento de uma exploração mútua dos fatos.

- empenha-se em demonstrar seus pontos de vista sem perceber posições comuns que permitam um intercâmbio produtivo de idéias.

10. Arrogância e Presunção

Postura de superioridade e auto-suficiência.

A pessoa:
- assume posturas falsas e imaginárias, vistas como verdadeiras.
- possui crenças e preconceitos que distorcem a realidade.
- muitas vezes atua de forma polarizada, sem respeitar os argumentos das outras partes.

11. Soberba

Superestima pessoal e descrença na capacidade dos outros.

A pessoa:
- assume condutas explosivas, geralmente ofensivas aos seus semelhantes.
- vê os erros dos outros e não percebe os seus.
- estabelece diferenças hierárquicas para destacar sua superioridade.

12. Insegurança

Estado de desequilíbrio pessoal caracterizado por falta de confiança em si mesma para responder às exigências e contingências do meio em que convive.

A pessoa:
- acredita que não é capaz de enfrentar e resolver problemas.
- sente medo do novo.
- mostra-se ansiosa com o desconhecido.
- imagina resultados negativos ocasionados por desempenhos inadequados.
- busca, constantemente, apoio em outras pessoas – dependência.

13. Autoconceito Baixo

Sentimento de menos valia.

A pessoa:
- pensa que não é capaz.
- tende a exagerar suas limitações.
- sente-se inferior aos outros.
- é auto-sugestionável e, de fato, se impõe limites.

14. Implicações do Ego

Necessidade de acertar sempre.

A pessoa:
- usa os pensamentos para apoiar seu ego e manter-se sempre como correta.
- tem dificuldades para aceitar idéias úteis e positivas.
- tem dificuldades para admitir erros.
- filtra as informações que recebe, de acordo com seus interesses.

15. Fingimento

Adoção de posições falsas ante os demais, que não correspondem à realidade.

A pessoa:
- demonstra o que não sente.
- adota posturas incoerentes.

1.3.3 Proposta de Reflexão

Antes de identificar bloqueios nas pessoas com as quais convivemos, faz-se necessária uma reflexão pessoal sobre as próprias dificuldades.

No quadro a seguir estão reproduzidos todos os bloqueios citados.

Faça uma reflexão sobre seu modo de ser e agir, identificando e marcando aqueles que estão impedindo você de agir de forma criativa.

( ) Bloqueios psicológicos
( ) Bloqueios socioeducativos
( ) Bloqueios grupais
( ) Bloqueios organizacionais
( ) Bloqueios socioculturais___
( ) Polarização
( ) Rigidez
( ) Egocentrismo
( ) Parcialismo
( ) Visão otimizada da realidade
( ) Opiniões sem respaldo
( ) Fixação em determinado tempo
( ) Distorção de valores___
( ) Pensamentos contrários
( ) Arrogância e presunção
( ) Soberba
( ) Insegurança
( ) Autoconceito baixo
( ) Implicações do ego
( ) Fingimento___

A presença de qualquer desses bloqueios em nossa vida interfere sobremaneira na ação criativa e sinaliza para a necessidade de investimento e esforço pessoal na superação das dificuldades.

1.4 AS TRÊS GERAÇÕES DA CRIATIVIDADE

A criatividade esteve presente em diversos momentos da história da administração. Cada momento significativo pode ser chamado de "geração". Vejamos os principais movimentos da criatividade através dos tempos.

1ª Geração – Ênfase no Pensamento Criativo

Período: Décadas de 50 e 60
Precursores: Guilford, Torrance, Alex Osborn, Sidney Parnes
Principais Contribuições:

- Estudos sobre o pensamento convergente e divergente.
- *Brainstorming*.

2ª Geração – Ênfase na Resolução Criativa de Problemas

Período: Décadas de 70 e 80
Precursores: Edward De Bono, Prince, Francisco Corvacho
Principais Contribuições:

- Técnicas de resolução de problemas.
- Metodologias de tomada de decisão criativa.
- Estudos e propostas de estratégias para desenvolver as habilidades estimuladas pelo hemisfério direito: intuição, analogias, metáforas, sonhos, visualização.

3ª Geração – O Viver Criativo

Período: Década de 80 em diante
Precursores: Carol Pearson, David De Prado, John Kao e outros.

Principais Contribuições

- Reconhecimento dos fatores emocionais e afetivos no desenvolvimento da criatividade.
- Visão da criatividade como uma atitude frente à vida.
- Valorização de todas as formas de expressão da criatividade, pensar com todo o cérebro e expressar-se com todo o ser.

1.5 O FUNCIONAMENTO DO CÉREBRO HUMANO

Os estudos de Roger Sperry sobre o funcionamento do cérebro humano remontam à década de 30.

Sua teoria mereceu um Prêmio Nobel de Medicina em 1981.

Com sua equipe, no Instituto Californiano de Tecnologia, Roger investigou durante vários anos pacientes que sofriam de epilepsia.

Os resultados clarearam para toda a comunidade médica o funcionamento dos hemisférios cerebrais e suas principais funções, diferenciadas e complementares.

Teoria dos hemisférios, segundo Sperry:

Hemisfério Esquerdo

- Responsável pela organização das palavras, pelo verbal coerente (princípio, meio e fim).
- É temporal.
- Lida com o concreto e o analítico.
- É lógico.
- Reconhece números.

Hemisfério Direito

- Dá o direcionamento emocional às palavras, por meio do gestual, ritmo e tom da fala.
- É atemporal.
- Lida com ritmos.
- Responsável pela intuição e pelas imagens.
- Permite sonhar.
- É perceptivo e não-verbal.

17

O equilíbrio entre os hemisférios cerebrais depende da saúde psíquica, e é pela harmonia entre eles que se chega ao caminho da criatividade.

É sabido que as civilizações ocidentais valorizam e estimulam de forma parcial as funções e habilidades do hemisfério esquerdo. Crescemos em uma sociedade que critica erros, isola as pessoas que estão fora dos padrões estabelecidos e qualifica aqueles que entram em sintonia com o *status quo*.

A criatividade instiga a transgressão, a inovação e a possibilidade de quebra das normas rígidas.

1.6 A QUADRATIVIDADE CEREBRAL – NED HERRMANN

Ned Herrmann ampliou os estudos de Sperry e publicou a teoria da quadratividade cerebral em seu livro *The Creative Brain* (1989). Nele, distingue as habilidades de cada hemisfério, propondo quatro quadrantes.

De acordo com Herrmann, as escolhas pessoais relativas à profissão e à própria conduta na vida resultam de tendências hemisféricas.

1.6.1 Comportamento Humano Segundo Herrmann

HEMISFÉRIO SUPERIOR ESQUERDO Racional	HEMISFÉRIO SUPERIOR DIREITO Experimental
- Analisa	
- Quantifica	- Infere
- É lógico	- Imagina
- É crítico	- Especula
- Gosta de números	- Assume riscos
- Sabe administrar dinheiro	- É impetuoso
- Sabe como funcionam as coisas	- Rompe regras
	- Gosta de surpresas
	- É curioso

Introdução à Criatividade

HEMISFÉRIO INFERIOR ESQUERDO	HEMISFÉRIO INFERIOR DIREITO
Guardião	**Sentimental**
- Prevenido	- É sensível em relação aos outros
- Estabelece procedimentos	- Gosta de ensinar
- Faz coisas (realiza)	- Gosta de fazer contatos
- É confiável	- É expressivo
- Organiza	- É emocional
- Planeja o tempo todo	- Fala muito
	- É sensível

Herrmann descreve a atuação das pessoas em quatro campos da atividade humana, orientando-se pelas tendências hemisféricas.

No processo de aprendizagem

HEMISFÉRIO SUPERIOR ESQUERDO	HEMISFÉRIO SUPERIOR DIREITO
Teorizando	**Descobrindo**
- Lógico	- Sintético
- Analítico	- Explorando
- Teórico	- Conceitual
- Quantitativo	- Experimental

HEMISFÉRIO INFERIOR ESQUERDO	HEMISFÉRIO INFERIOR DIREITO
Estruturando	**Compartilhando**
- Sistemático	- Emocional
- Organizado	- Sentimental
- Avaliador	- Sensações
- Preparado	- Percepções

No processo de trabalho

HEMISFÉRIO SUPERIOR ESQUERDO Analítico	**HEMISFÉRIO SUPERIOR DIREITO** Conceitual
- Lógico	
- Analítico	- Inovador
- Financeiro	- Integrativo
- Técnico	- Conceitual
	- Imaginativo

HEMISFÉRIO INFERIOR ESQUERDO Organizado	**HEMISFÉRIO INFERIOR DIREITO** Interpessoal
- Organizado	
- Administrativo	- Interpessoal
- Estruturado	- Expressivo
- Detalhista	- Ensina
	- Escreve

No processo de criação

HEMISFÉRIO SUPERIOR ESQUERDO Encontro com Problemas	**HEMISFÉRIO SUPERIOR DIREITO** Encontro com Idéias
- Factual	
- Rigoroso	- Holístico
- Investigador	- Jogador
- Financeiro	- Visionário
- Analítico	- Experimental

Introdução à Criatividade

HEMISFÉRIO INFERIOR ESQUERDO	HEMISFÉRIO INFERIOR DIREITO
Executa	**Sente e Percebe Idéias**
- Disciplinado	
- Organizado	- Interpessoal
- Pesquisador	- Espiritual
- Verifica	- Sensual
- Planeja	- Tátil

No processo de relacionamento social

HEMISFÉRIO SUPERIOR ESQUERDO	HEMISFÉRIO SUPERIOR DIREITO
Formal	**Espontâneo**
- Crítico	
- Decisivo	- Jogador
- Analítico	- Gosta de surpresas
- Informado	- Mente aberta
- Discriminador	- Imprevisível
	- Inconformado

HEMISFÉRIO INFERIOR ESQUERDO	HEMISFÉRIO INFERIOR DIREITO
Confiável	**Cuidadoso**
- Previsível	
- Tradicional	- Emocional
- Organizado	- Vulnerável
- Reservado	- Empático
- Pontual	- Humanista
	- Instintivo

Há momentos em que precisamos ser racionais, pragmáticos e planejadores, e, em outros, a hora é de sonhar, de imaginar e de inventar. Saber equilibrar os dois estados de espírito é essencial no comportamento criativo.

Aos líderes cabe conhecer o potencial e as tendências de seus colaboradores e formar equipes com potenciais complementares.

1.7 PERFIL DE COMPETÊNCIAS DO LÍDER CRIATIVO

A partir do conceito que aponta atitudes, conhecimentos e habilidades como componentes do domínio de uma competência, utilizaremos a metáfora descrita pelo dr. Helbert Kellner, detentor da metodologia STAR de avaliação em vendas.

Para compor a árvore das competências em criatividade é necessário compreender cada um dos seus componentes, a saber:

1.7.1 As Atitudes (representadas pelas raízes)

Um dos indicadores de impacto e que distingue um profissional competente de outro é o conjunto de atitudes agregadas à sua ação cotidiana. Ele determina o grau de comprometimento e envolvimento no processo criativo pessoal.

Hoje, mais do que nunca, o mercado reforça a idéia de mudanças comportamentais.

Vejamos algumas atitudes inovadoras, reflexos de nossos valores e crenças, que fazem a diferença na ação criativa:

Curiosidade: cultivar o hábito de ler, viajar, estabelecer redes de contatos, utilizar as tecnologias disponíveis para pesquisa.

Ousadia: correr riscos calculados, inovar, sair do padrão, fazer acontecer, superar o medo de errar e aprender com os erros (próprios e dos outros).

Questionamento: capacidade de substituir a pergunta "por quê?" pela indagação "por que não?".

Inconformismo: atitude constante de busca, certeza de que algo mais vai acontecer e de que nada é definitivo.

Persistência: capacidade de superar fracassos e começar de novo.

Imaginação: sonhar com o futuro, formar imagens mentais, perseguir os sonhos transformando-os em metas.

Ludicidade: cultivar o bom humor, brincar e se divertir com idéias.

1.7.2 O Conhecimento (representado pelo tronco)

Os processos criativos são afetados pelo nível de conhecimentos essenciais –aqueles que fazem parte do rol de informações necessárias ao desenvolvimento de habilidades.

O domínio de procedimentos, conceitos, fatos e informações relevantes interfere diretamente na qualidade desses processos.

Na árvore das competências pessoais em criatividade é essencial conhecer:

- Conceitos: de criatividade, inovação e inventiva.
- Informações sobre pensamento criativo.
- Metodologias de resolução de problemas.
- Principais técnicas de geração de idéias e tomada de decisão.
- Teorias e estudos sobre o funcionamento do cérebro e sobre as inteligências humanas (Ned Herrmann e Gardner).
- Onde estão localizados os principais centros de desenvolvimento e pesquisa em criatividade.

1.7.3 As Habilidades (representadas pela copa e seus frutos)

Usar o conhecimento de forma adequada é o que chamamos de "habilidade".

Algumas pessoas acumulam um baú de informações teóricas e têm dificuldade para abri-lo e usá-lo. Com o tempo, o baú é esquecido e ninguém se beneficiou de seu conteúdo.

As habilidades devem ser demonstradas na prática. O profissional criativo, além de possuir a competência, precisa demonstrar suas habilidades por meio das ações.

De nada adianta colecionar cursos, leituras e informações em geral, se não forem utilizados, se não produzirem algum benefício para a coletividade na qual o profissional está inserido.

Eis um elenco de habilidades que compõem a árvore das competências pessoais em criatividade:

- Usar ativadores da criatividade: adotar de forma sistematizada os principais ativadores da criatividade que são de seu conhecimento.
- Gerar idéias (fluidez) variadas (flexibilidade) frente a um desafio.
- Transformar idéias em ação: colocar em prática as ferramentas aprendidas, criando produtos e serviços inovadores.

- Apresentar, de forma convincente, as idéias geradas.
- Agir com flexibilidade para exercer papéis aparentemente opostos: liderar e ser liderado, ensinar e aprender com o outro, estar em constante processo de mudança.
- Capacidade para descortinar cenários e perceber tendências.
- Capacidade para enxergar o mundo com as lentes da visão sistêmica: facilidade para ver e compreender os fenômenos como um todo, porém, percebendo detalhes e partes.

1.8 O QUE É INOVAÇÃO?

A inovação acontece no meio empresarial **quando uma idéia, um método, uma novidade ou um mecanismo novo é agregado ao contexto vigente, promovendo uma melhoria.**

Uma das dificuldades encontradas para difundir o processo de inovação é a dificuldade natural do ser humano em correr riscos.

A tendência em manter do jeito que está o que funciona bem, por medo de que qualquer alteração possa dar errado, é fator bloqueador da inovação.

O processo de inovação, para ser efetivo, exige das pessoas uma constante observação, análise e crítica do que já existe e a crença de que *"mesmo aquilo que é considerado bom pode sempre ser melhorado"*.

Essa visão é mais facilmente percebida pelas mentes criativas que perseguem os **cinco princípios básicos da inovação:**

1º – Disposição mental.

O principal aspecto da inovação que precisa ser trabalhado urgentemente é a superação do medo de errar.

A maioria das empresas investe muito superficialmente em mudanças. Dedicam poucos recursos para a investigação de novos produtos ou serviços e, quando o fazem, os resultados são tímidos. Quando se quer maximizar e ampliar o campo de influências, é necessário mudar a cultura, as mentes que gerenciam os processos.

As mentes criativas são curiosas, não têm medo de desafios, são inconformadas com o que já existe e sempre estão à procura de algo que pode ser transformado. As mentes criativas pensam de forma sistêmica e conseguem enxergar as "árvores" e a " floresta".

2º – Crença de que a inovação é elemento-chave para a vantagem competitiva.

As empresas que conseguem oferecer versões melhoradas de seus produtos e agregam valor ao que já existe têm maiores chances de dominar o mercado. Consideram os novos produtos/serviços como a parte central de suas estratégias de negócio e não simplesmente um exercício complementar. Trabalham a inovação, estão comprometidos com ela, investem maciçamente para se destacar dos concorrentes.

3º – Percepção da inovação como fator estratégico de visibilidade.

As mentes criativas conseguem perceber que a inovação bem direcionada, gerenciada por profissionais comprometidos com o negócio, certamente traz como retorno a simpatia, a adesão do mercado e a visibilidade tão procurada pelas empresas.

4º – Patrocínio à inovação.

Por patrocínio entenda-se estímulo, disponibilidade de recursos, incentivo e apoio às atitudes inovadoras. É muito comum verificar que o discurso do líder muitas vezes difere da prática quando se trata de assumir responsabilidades por possíveis erros ou resultados inesperados.

5º – Ações de apoio à inovação.

Faz parte da função de liderança estimular e dar apoio às iniciativas de suas equipes. O líder é o grande patrocinador das melhorias e, assumindo tal papel, colherá, junto com seus colaboradores, os resultados plantados.

Thomas D. Kuczmarski sugere uma série de questionamentos para os líderes.

Responda às perguntas para identificar sua forma de lidar com essa competência.
- Aceita o fracasso como parte intrínseca da inovação?
- Desenvolve estratégias de novos produtos/serviços?

⚙ Estabelece equipes multifuncionais, integradas por pessoas comprometidas e dedicadas?

⚙ Consegue visualizar os benefícios empresariais que a inovação proporciona?

⚙ Busca o apoio da gerência maior nas iniciativas de inovação?

⚙ Acompanha e valoriza os resultados dos esforços de sua equipe?

⚙ Identifica os problemas e as necessidades dos clientes antes de gerar idéias para novos produtos/serviços?

⚙ Leva em consideração os valores e as normas das equipes de inovação para orientar suas comunicações?

1.8.1 Espaços para a Inovação

A inovação pode ocupar dois espaços no ambiente empresarial: o interno e o externo.

Internamente, as melhorias se direcionam para os processos vigentes, podendo agregar valor, desde a forma como a empresa se comunica com seus empregados até o ambiente físico (*layout*).

Externamente, a inovação se faz presente quando há melhorias nos produtos ou serviços e o cliente externo é o alvo.

Vejamos alguns exemplos:

Espaços Internos

⚙ Períodos sabáticos: afastamento permitido de um empregado de sua empresa para pensar, estudar, relaxar e renovar as baterias.

⚙ Abertura de canais de comunicação diretos entre empregados e direção (independente da hierarquia estabelecida).

⚙ Eliminação das paredes internas dos escritórios, promovendo um *layout* aberto.

Espaços Externos

⚙ Criação da figura do "ouvidor" – aquele que tem por função manter contato com os clientes.

⚙ Projetos sociais, que beneficiam a comunidade, nos quais os empregados atuam como voluntários.

⚙ Novas formas de abordar o cliente, que variam do comércio eletrônico às promoções em parceria com outras empresas.

Seu desafio:

Escreva a seguir idéias de inovação nos espaços internos e externos.

Espaços Internos

_____
_____
_____
_____
_____
_____
_____

Espaços Externos

_____
_____
_____
_____
_____
_____
_____

1.8.2 As Tendências de Inovação em uma Empresa – Como Medir?

Combinar eficiência com efetividade nos processos de trabalho é a saída para a inovação rentável. O segredo é **ser pioneiro e conseguir a aprovação do mercado.**

Desenvolver e cultivar mentes inovadoras é uma competência imprescindível no momento atual, quando as empresas precisam fazer a diferença.

Thomas Kuczmarski, em seu livro *Innovación – estrategias de liderazgo para mercados de alta competencia*, aponta **sete passos** que orientam os líderes em seus novos empreendimentos.

São eles:

1º – Defina uma estratégia de novos produtos ou serviços.

A pior maneira de lidar com o sucesso de um produto ou serviço é acreditar que sua aprovação, por parte dos clientes, é eterna. O fracasso de quem acha que sempre vai se manter no pódio ocorre com muita freqüência no mercado.

A única maneira de manter a fidelidade dos clientes é estar sempre agregando melhorias, por menores que sejam. Elas fazem a diferença... Ou a concorrência pode sair na frente.

2º – Utilize um processo de desenvolvimento focado nos clientes.

Um relacionamento mais próximo com o cliente ajuda a conhecê-lo em suas peculiaridades. Cada empresa tem seu estilo, cultura e modos de operar. A proximidade cautelosa e criativa permite ao fornecedor acompanhar os desejos do cliente, tornando perceptível a sua maneira de operar e tomar decisões.

As formas de acompanhamento visando à fidelização do cliente vêm sendo renovadas a cada dia.

3º – Realize pesquisas sobre as necessidades e expectativas do mercado.

As pesquisas sinalizam e direcionam os esforços de marketing e venda, dão o rumo correto aos novos investimentos e evitam o gasto de energia em projetos pouco consistentes e descartáveis pelo mercado.

4º – Desenvolva conceitos com vistas às necessidades dos clientes.

Agregado a um produto ou serviço há sempre um conceito. Sua aceitação torna-se mais fácil quando ele revela as necessidades do cliente.

5º – Trabalhe com equipes responsáveis, dedicadas e interfuncionais.

Formar equipes talentosas, comprometidas com um projeto, e que reúnam competências variadas, é uma arte. Muitos empreendimentos vão por água abaixo por não terem em seu escopo pessoas dedicadas, com visões diferenciadas e que pensem de forma sistêmica.

6º – Estimule as pessoas com incentivos e reforços.

Cabe aos líderes promover ações que estimulem seus liderados. Com reforços positivos, oferta de novos desafios, reconhecimento público de valores e manutenção de relacionamento aberto, o líder consegue obter de sua equipe feitos fantásticos.

7º – Defina mecanismos de avaliação de resultados acumulados da inovação.

Uma inovação só é considerada válida se trouxer resultados positivos. De nada adianta inovar se não houver ganhos para ambas as partes: a empresa e os clientes. No curso de desenvolvimento do projeto de inovação, faz-se necessário definir claramente como esses resultados serão avaliados e como verificar se trouxeram vantagens.

Para percorrer os sete passos da inovação, com tranqüilidade, os líderes do processo precisam ter mentes abertas e focar seus esforços na participação e inclusão dos colaboradores nesse processo.

As perguntas a seguir poderão auxiliar as lideranças a fazer uma avaliação de sua forma de encarar a inovação, assim como servir de ponto de referência.

Seu uso deve estender-se a um grupo significativo de líderes e, consolidados os resultados, o leitor terá uma visão do ambiente vigente **favorável ou não à inovação**. É muito importante verificar o ambiente, de forma a trabalhá-lo, fertilizando o terreno e preparando a terra para que os frutos gerados sejam de boa qualidade.

1.8.3 Diagnóstico: o Ambiente em Que Você Está é Favorável à Inovação?

Marque somente o que acontece na empresa em que você atua. A tendência à inovação faz-se presente quando o índice de afirmativas estiver acima de 70% das marcações.

1. (   ) No geral, incorporo a inovação em nosso plano de negócios como um elemento estratégico para aumentar a satisfação dos acionistas, empregados e clientes.

2. (   ) Tenho usado a inovação de forma consciente e contribuído para o lançamento de novos produtos/serviços de forma a aumentar o valor de minha empresa no mercado.

3. (   ) Nosso portfólio apresenta um equilíbrio de novos produtos e serviços, com diferentes graus de risco (dos mais seguros aos mais radicais).

4. (   ) Tenho estimulado minha equipe a ver a inovação como um investimento e não como um custo.

5. (   ) Tenho uma estratégia que une a inovação à visão do negócio.

6. (   ) Converti o processo de inovação em uma idéia atrativa para os empregados.

7. (   ) Transmito segurança e me comunico de forma assertiva com as equipes e as pessoas que propõem inovação.

8. (   ) Estimulo e mantenho sistemas de compensação para aqueles profissionais que apresentam idéias inovadoras aproveitadas na empresa.

9. (   ) Tenho uma forma sistematizada de divulgar os resultados das inovações para toda a organização.

10. (   ) Calculo os custos da inovação e estabeleço expectativas de retorno realistas.

11. (   ) Mantenho oportunidades abertas a todos os participantes de minha equipe, gerando um ambiente de motivação e estímulo à inovação.

12. (   ) Quando surge uma idéia nova, encaminho e acompanho o processo de implementação, cuidando para que a equipe responsável tenha competência para tal.

13. (   ) Sempre que vamos gerar idéias, procuramos ouvir o cliente para focar nossos esforços em suas necessidades.

14. (   ) Acredito que toda inovação deve ser direcionada para as necessidades dos clientes (internos e externos).

15. (   ) Mantenho um fundo de reserva para cobrir os investimentos financeiros com inovação.

16. (   ) Tenho abertura para aceitar fracassos quando uma inovação é adotada. Porém, aprendo com os erros e não desisto na primeira tentativa.

17. (   ) Minha equipe tem o estímulo do líder para dedicar uma parte de seu tempo à criação e busca de inovação.

18. (   ) Conto com uma plataforma técnica que dá aporte às equipes de criação e inovação.

19. ( ) Os outros profissionais de minha empresa reconhecem explicitamente minha capacidade inovadora.

20. ( ) Os profissionais de minha equipe são reconhecidos por sua capacidade de inovar.

Caso o resultado apresente um índice abaixo de 70%, está na hora de iniciar um trabalho de base para a implantação da mentalidade inovadora.

A forma mais rápida e efetiva é começar investindo nas pessoas. Você pode oferecer e participar de *workshops*, seminários ou palestras que sensibilizem e conscientizem você e sua equipe da necessidade de criar e inovar.

1.9 A TECNOCREÁTICA E AS EXIGÊNCIAS DO MERCADO

A Tecnocreática é traduzida pela máxima "*pensar com todo o cérebro e expressar-se com todo o ser*". Instiga o ser humano a utilizar o potencial pleno do cérebro – tanto as habilidades racionais quanto as emocionais e intuitivas (hemisfério esquerdo e direito). TECNOCREÁTICA é um termo utilizado no Master em Criatividade Aplicada Total da Universidade de Santiago de Compostela – Espanha.

Os quadros a seguir, de David de Prado Díez, apresentam os valores da criatividade traduzidos em diversos "eus", bem como o significado de cada conjunto e o resultado de sua presença na vida das pessoas.

EU criador transpessoal: responsável pela auto-realização	
- EU feliz: bem-estar, felicidade. - EU epistêmico: verdade, clareza. - EU estético: beleza, harmonia. - EU ético: honestidade, valores pessoais.	As empresas preferem compor seus quadros com pessoas que demonstram atitudes pessoais éticas, comportamentos harmoniosos e gosto pelo que fazem. Tais exigências só serão obtidas pelos caminhos da auto-realização plena: desenvolvimento transpessoal.
Valores transcendentes: EU espiritual, transpessoal	

EU criador total: responsável pela capacidade de criação integral

- EU inventivo: sonho e utopia.
- EU expressivo: multidesafios.
- EU inovador: inventiva, inovação e melhorias.
- EU compreensivo: conceitos e idéias claras.
- EU intuitivo e sensorial: uso dos sentidos e da intuição.

O conjunto de habilidades contido no eu criador é alvo de busca nas organizações.

Se verificarmos as histórias das empresas, todas foram fundadas a partir de um sonho por pessoas inovadoras.

Para sobreviver e se manter no mercado, elas precisam de colaboradores com idéias claras, intuitivas e que aceitem o desafio de levar à frente o sonho de seu empreendedor, tornando-se parte do projeto.

Valores intelectuais: EU expressivo e inteligente

EU empreendedor: responsável pela capacidade empreendedora

- EU criador social: fama, reconhecimento e êxito socioprofissional.
- EU produtor: criações e produtos valiosos.
- EU econômico: situação estável, bens materiais.
- EU comunicador: competências sociais e comunicativas.

O sucesso de um profissional está diretamente atrelado à sua capacidade de criar produtos valiosos e fazê-los aceitos no seu meio, gerando recompensas e reconhecimento, seguindo o ciclo do "ser e estar". Tal processo é facilitado pela criatividade.

Valores socioprofissionais extrínsecos: EU líder e gestor

Introdução à Criatividade

EU criador: responsável pela harmonia pessoal

- EU homeostático: equilíbrio imunológico psicofísico.
- EU dramático: expressão emotivo-corporal.
- EU pragmático: movimento e ação.
- EU saudável: saúde, bem-estar, energia, descanso e comodidade.

O ser humano total, em equilíbrio com seus diversos centros, está sendo resgatado neste século. A integração corpo-mente-espírito é condição para a eclosão do profissional criativo. Ao mesmo tempo, as empresas buscam pessoas saudáveis e harmonizadas para compor seus quadros.

Valores corporais: EU bionatural

Para alcançar a integração entre os diversos "eus", a TECNOCREÁTICA oferece diversos ativadores da criatividade.

2. FERRAMENTAS DA CRIATIVIDADE

2.1 TI – TURBILHÃO DE IDÉIAS

Fonte de consulta: El Torbelino de Ideas – David de Prado Díez - editora Cincel – Colômbia

O Turbilhão de Idéias é um dos ativadores mais usados como ferramenta da criatividade. Presta-se a diversos fins e pode ser usado em situações variadas.

Na educação

❂ Auxilia no desenvolvimento de temas em geral, ampliando as possibilidades de aprendizagem e fixação de conteúdos.

Nas artes

❂ Estimula a geração de idéias e amplia as possibilidades de criação.

Na empresa

❂ Ferramenta usada para resolver problemas, criar produtos e serviços, tomar decisões, elaborar conceitos e avaliar resultados, dentre outros.

2.1.1 Características do Turbilhão de Idéias

Estimula a cultura da democracia

❂ Apresenta estímulo divergente que supõe uma infinidade e uma variedade de direções de respostas, com ampla participação das pessoas envolvidas.

❂ A geração de idéias é livre e estimulada, não sendo permitido criticar ou rejeitar sugestões, por mais absurdas ou irrelevantes que pareçam.

❂ Todas as idéias são respeitadas, aceitas e registradas.

Desenvolve a criatividade, gerando como resultados

❂ Muitas idéias em pouco tempo: fluência.
❂ Idéias variadas: flexibilidade e categorias diversas de respostas.
❂ Idéias originais: inovações e descobertas.

Permite diversas formas de expressão na aplicação das idéias

- Verbal
- Mímica
- Plástica
- Literária

Apresenta espaços para a liberdade de idéias, gerando

- Maior fluência verbal
- Flexibilidade mental
- Originalidade de pensamento
- Inovação
- Inventiva

Ajuda a desenvolver operações mentais de nível superior do pensamento, como

- Pensamento divergente.
- Pensamento crítico: comparação e avaliação.
- Pensamento sintético: classificação e prospectiva.
- Pensamento analítico discriminativo.

Ao adotar o TI é preciso conhecer as regras

- É proibido recusar idéias. Por mais absurdas que pareçam, elas devem ser levadas em consideração e registradas.
- A expressão das idéias e seu registro devem ser realizados rapidamente, evitando-se pensar e racionalizar a respeito.
- Todas as idéias devem ser ouvidas e, se for o caso, pode-se pegar "carona" (aproveitar a idéia do outro para gerar uma nova).

2.1.2 Etapas do TI

1ª Geração de idéias: seguindo as regras do TI, os grupos registram todas as idéias sobre o tema em pauta.

2ª Contagem do número de idéias: nessa etapa, dá-se uma chance às equipes, estimulando a geração de outras novas idéias, sem o uso da crítica ou autocrítica.

3ª Categorização: organização das idéias por categorias.

4ª Descarte: retirada das idéias que estão fora do tema sugerido. Essas idéias são guardadas para utilização futura.

5ª Análise das principais idéias geradas, de acordo com o objetivo pretendido.
6ª Avaliação das idéias de acordo com os seguintes critérios:
- Resultados em curto prazo.
- Disponibilidade de recursos a baixo custo.
- Nível de abrangência.

2.1.3 A Prática do TI – Turbilhão de Idéias

Contexto: empresa
Objetivo: exercitar a ferramenta
Material necessário:

- Folha de flip-chart
- Diversos cartões para anotar idéias
- Lápis de cor
- Pincéis coloridos
- Folhas de papel de cores variadas
- Tesoura
- Cola plástica
- Canetas hidrocor
- Glíter

Orientações para a prática do TI

Convide sua equipe de colaboradores para uma atividade de geração de idéias.

Prepare o ambiente com o material relacionado acima e uma mesa confortável, onde todos possam se enxergar.

Tempo estimado para a prática e repasse da ferramenta: em torno de uma hora

- Geração de idéias: 3 minutos por fase.
- Categorização: 10 minutos.
- Descarte e criação dos produtos: 30 minutos.

Líderes Inovadores

- ⚙ Criação do texto para apresentação dos produtos: 5 minutos.
- ⚙ Apresentações: máximo 5 minutos por equipe.

2.1.4 Como Aplicar o TI – Passos

Sondagem sobre o tema

Pergunte se as pessoas conhecem a técnica do *brainstorming*. Informe que o Turbilhão de Idéias foi elaborado a partir dessa técnica, com uma forma diferente de sistematização.

Faça uma breve exposição sobre criatividade e as ferramentas disponíveis antes de dividir a turma em equipes.

Estímulo

Vocês vão participar de uma atividade na qual utilizaremos uma ferramenta da criatividade para resolver problemas e gerar idéias, o TI – Turbilhão de Idéias.

A atividade será simulada e vamos usar uma situação fictícia para treinar o uso do TI.

Informações e eleição do redator/relator

O papel do redator/relator é registrar todas as idéias da equipe, uma em cada cartão, usando a caneta hidrocor. O redator deverá ser rápido e ter uma letra legível. Ele representará o grupo na apresentação das idéias.

Orientações verbais para a equipe

- ⚙ Na primeira etapa do TI vamos gerar idéias.
- ⚙ Todas devem ser registradas.
- ⚙ O redator faz o registro: cada idéia gerada é escrita em um cartão.
- ⚙ Todos participam.
- ⚙ Valem idéias inovadoras e aparentemente sem sentido.
- ⚙ Não é permitido críticas.
- ⚙ É proibido rejeitar e criticar idéias.
- ⚙ O tempo será de 3 minutos (colocar um relógio perto da mesa).
- ⚙ Vamos gerar pelo menos cinqüenta idéias neste tempo.
- ⚙ Aqueles que quiserem poderão pegar carona na idéia do outro.
- ⚙ A ordem de participação será da direita para a esquerda (ou vice-versa).

Ferramentas da Criatividade

- Certifique-se de que todos compreenderam a sistemática do TI.
- Somente após essa compreensão, revele qual é o problema e inicie a contagem de tempo.

– Apresentação do problema simulado para a geração de idéias:

"Cenário: estamos no ano 3500. Somos colaboradores da maior empresa de calçados do planeta. Precisamos lançar o sapato do ano 3501, com impacto e inovação. Vamos, então, registrar idéias para o 'sapato do ano 3501'."

Promoção de idéias

✿ Tempo de 3 minutos para a geração.

Pausa para verificar resultados

✿ Contagem e registro do número de idéias.
✿ Categorização.

Segunda chance

✿ Após registro do número de idéias de cada equipe, informar que os participantes terão nova chance para criar.
✿ Conceder mais 3 minutos e consolidar o total de idéias após esse tempo.

Descarte e elaboração de protótipo e projeto para apresentar o produto

✿ Rever todas as idéias.
✿ Descartar aquelas que não forem aproveitáveis no momento.
✿ Criar o protótipo do sapato (uso dos materiais apresentados pelo gestor), incluindo as características geradas e escolhidas pelo grupo.
✿ Planejar uma forma de apresentação do sapato, imaginando que há um cliente interessado na compra do projeto.
✿ Montar um pequeno manual de uso do sapato para incluir na apresentação.
✿ Definir uma pessoa do grupo para apresentar o produto final ao cliente (o facilitador faz o papel de comprador).

Auto-avaliação do nível de criatividade, pelos quatro critérios a seguir:

Indicadores	Ausente	Presente em níveis baixos	Presente em níveis médios	Forte presença
1. Fluência (número de idéias).				
2. Flexibilidade (variedade de categorias).				
3. Originalidade (idéias inovadoras que os outros grupos não citaram).				
4. Estética (apresentação das idéias instigantes, criativas e propensas à aceitação).				

Consolidação de resultados

Os resultados dos grupos devem ser registrados. O líder faz um comparativo, reforçando a necessidade de uso da ferramenta praticada no cotidiano dos participantes.

Sugestão de quadro de consolidação:

Indicadores	Grupo	Grupo	Grupo
Número de idéias:			
Categorias:			
Resultado:			

Aplicação no contexto real da empresa

⚙ Ao final da atividade as pessoas apontam outras aplicações para o TI.

⚙ O líder registra as indicações do grupo.

Fechar a sessão prática, apontando as vantagens do TI

⚙ O TI é uma ferramenta que segue um padrão metodológico fácil de ser usado.

⚙ Pelo TI, podemos avaliar nossa criatividade usando os indicadores de desempenho: fluência, flexibilidade, originalidade e estética.

⚙ O TI é uma ferramenta lúdica e participativa: permite que todos dêem suas opiniões, sem restrição ou crítica.

Ferramentas da Criatividade

- O TI é aplicável à realidade da empresa, quando necessitamos criar ou inovar e não sabemos por onde começar.

O líder pode usar o TI em situações-desafio do seu dia-a-dia, como:
- Geração de idéias para inovar (melhorar) um produto e/ou serviço.
- Definição de novas estratégias para o aumento de vendas.
- Levantamento de novas formas para agregar valor a produtos e/ou serviços.
- Definição de ações para campanha de redução de custos.
- Eleição de estratégias e ações para superação de metas.
- Definição de estratégias para expansão de mercados.
- Sugestões dos empregados para melhoria da comunicação do líder.
- Sugestões da equipe para melhoria do relacionamento interno e do clima de trabalho.
- Levantamento de ações para melhor utilização dos recursos de tecnologia existentes na empresa.
- Levantamento de aspectos favoráveis e desfavoráveis à tomada de decisões.
- Levantamento de valores na equipe de trabalho.
- Levantamento de expectativas com relação à gestão.
- Outras situações que exijam a tomada de decisão do líder compartilhada ou individual.

2.2 MAPEAMENTO MENTAL (MIND MAP)

Fonte de consulta: TONY BUZAN e BARRY BUZAN – El libro de los mapas mentales – Como utilizar al máximo las capacidades de la mente – Editora Urano – Barcelona/Espanha

O Que é Mapeamento Mental?

- Mapeamento Mental é a expressão do pensamento irradiante e, portanto, uma função natural da mente humana.
- É uma poderosa técnica gráfica que nos oferece a chave-mestra para ativar o potencial do cérebro.

- Pode ser usado em todos os aspectos da vida com o objetivo de melhorar a aprendizagem e clarificar o pensamento, reforçando o trabalho.

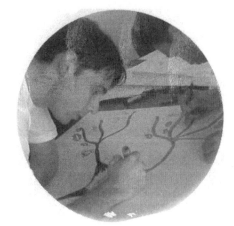

Características Essenciais do Mapeamento Mental

1. O tema a ser discorrido ocupa a imagem central.

2. Os subtemas irradiam da imagem central de forma ramificada.

3. As ramas compreendem uma imagem ou uma palavra-chave impressa sobre uma linha associada. Os pontos de menor importância também estão representados como ramas. Elas formam uma estrutura nodal conectada.

Para Que Serve o Mapeamento Mental?

- Memorização de conteúdos.
- Planejamento de palestras e exposições.
- Planejamento de projetos.
- Tomada de decisão.
- Administração do tempo.
- Solução de problemas.

Quais as Vantagens do Mapeamento Mental?

- O Mapeamento Mental aproxima a atividade do pensar à de escrever, usando símbolos, cores e palavras.
- É uma atividade estimulante que envolve as pessoas em sua montagem.
- Permite uma visão global do conteúdo registrado.
- Organiza o pensamento de maneira criativa e inovadora.
- Seu visual é agradável e chama a atenção para pontos importantes do contexto.
- É uma forma objetiva e lúdica de planejamento.
- Auxilia sobremaneira na memorização de fatos e dados.

2.2.1 Base Teórica

O Mapeamento Mental tem como base os estudos da psicologia, neurofisiologia do cérebro, neurolingüística, semântica, teoria da informação e mnemotécnica, exigindo de seu usuário a prática da habilidade perceptiva, do pensamento criativo e das ciências em geral.

Mapeamento Mental e Pensamento Irradiante

O Mapeamento Mental reconhece o cérebro como um mecanismo associativo do pensamento irradiante, com cinco funções principais:

1. Recepção de informações por meio dos sentidos (imagens, sons, cheiros, sensações táteis e gustativas). Nosso cérebro irradia associações compostas de informações fornecidas pelos sentidos – princípio da irradiância e da associação.

2. Retenção: capacidade de reter e recordar as informações captadas pelos sentidos.

3. Análise: função natural que inclui o reconhecimento e o processamento das informações.

4. Emissão: qualquer forma de comunicação ou ato criativo, inclusive o pensamento.

5. Controle: função referida à totalidade das funções mentais e físicas.

Nos últimos 10 anos, cientistas e pesquisadores acumularam 95% das informações de que dispomos sobre o cérebro humano e ainda há um grande caminho a percorrer.

Sir Charles Sherrington, um dos pioneiros no estudo da neurofisiologia, é conhecido pela seguinte declaração poética: "*O cérebro humano é um tear encantado, em que milhões de lançadeiras vão tecendo um desenho que continuamente se dissolve, um motivo que tem sempre um significado, por mais que esse jamais perdure e não seja mais do que uma mudança harmônica de subdesenhos. É como se a Via-Láctea se entregasse a uma espécie de dança cósmica*".

Pert Kouzmich Anojin, 1973, declarou, após 60 anos de pesquisa, que nenhum ser humano é capaz de utilizar todo o potencial de seu cérebro.

2.2.2 A Estrutura do Mapeamento Mental

A estrutura do Mapeamento Mental satisfaz à tendência do cérebro humano de buscar resolução para um contexto iniciado, e permite uma seqüência infinita de tentativas com o uso de símbolos, desenhos e palavras. Aciona nossa base de dados, favorecendo associações, vínculos e conexões.

Apresenta vantagens sobre os outros planejamentos ortodoxos:

- Estimula o funcionamento global do cérebro.
- Permite a visualização do projeto de forma global.
- Facilita o acompanhamento passo a passo de cada ação planejada.
- Foca um ponto central – objetivo a alcançar – e ao mesmo tempo flexibiliza o cérebro para dispersar-se e mover-se em diversas direções.

Curiosidades

Os grandes cérebros da humanidade já se valiam dos princípios do Mapeamento Mental para registro de suas anotações: Leonardo Da Vinci, Picasso, Isaac Newton, Albert Einstein. Todos se valiam de palavras, símbolos, seqüências, listas, análises, associações, imagens, números e desenhos que davam o ritmo visual e a dimensão sistêmica do pensar criativo.

Leis da Cartografia Mental

- Uso de uma imagem central.
- Registro de imagens em toda a extensão do mapa.
- Três ou mais cores para cada imagem.
- Destaques são registrados em volta da figura central.
- Poucas palavras, com letras de dimensões e cores variadas.
- Desenhos ocupando espaços de forma simétrica.
- Uso de códigos e símbolos.

2.2.3 Regras do Mapeamento Mental

- Expressar-se com clareza.
- Não usar mais do que uma palavra por idéia.
- Escrever em letra de imprensa.
- Escrever palavras-chaves sobre as linhas e desenhos irradiados.
- O tamanho das linhas deve ser do tamanho das palavras.
- As irradiações devem estar ligadas à figura principal (localizada no centro do mapa).
- As linhas que irradiam do centro devem ser mais grossas e com forma orgânica.
- No caso da pessoa se sentir bloqueada, desenhar sendas em branco. A tendência do cérebro é procurar resolver o caminho.
- Fazer perguntas a si mesmo quando houver dúvidas e deixar a imaginação fluir.
- O mapa deve ser desenhado com o papel na horizontal.
- Revisar os mapas mentalmente sempre que possível (após 30 minutos, após um dia, após uma semana). Com o tempo, o mapa será lembrado por seu cérebro e as imagens se fixarão.

Preparação do ambiente

Antes de iniciar a atividade de elaboração do Mapeamento Mental, faz-se necessário cuidar de alguns detalhes que tornam a atividade prazerosa.

Algumas sugestões:

- Atitude mental positiva, reserva de tempo e disponibilidade pessoal para trabalhar no mapa.
- Providências e verificação de presença do material necessário: folha branca, lápis de cor ou canetas coloridas, lápis, borracha, mesa e cadeira confortáveis, boa iluminação e ventilação.
- Utilização de música harmonizante de fundo para a visualização criativa do mapa a ser desenhado.

2.2.4 Situações para a Aplicação do Mapeamento Mental?

Sempre que seja necessário manifestar o pensamento e colocá-lo no papel, o Mapeamento Mental pode ser usado no lugar da escrita linear. Eis algumas situações práticas:

- Tomar notas de uma palestra.
- Resumir um livro ou artigo.
- Elaborar a lista do supermercado.
- Planejar um período de férias.
- Registrar a pauta de uma reunião.
- Registrar a seqüência de um seminário.
- Definir providências de um projeto.
- Documentar uma seqüência de *brainstorming*.
- Registrar idéias para resolver determinado problema.

Atividades para treino da técnica do Mapeamento Mental

- Desenhar a agenda do dia.
- Registrar seu final de semana.
- Preparar a pauta de sua próxima reunião.
- Planejar suas compras no supermercado.
- Desenhar as providências a tomar quando for receber amigos para um almoço ou jantar.
- Gerar idéias a partir de um desafio (por exemplo: como divulgar um novo produto ou um projeto de sua empresa).
- Desenhar as características da mulher (ou homem) ideal.
- Desenhar as coisas que fazem um cachorro feliz.
- Desenhar o percurso de sua casa até o trabalho, registrando o que você vê de interessante.

Divirta-se e desenvolva sua criatividade praticando o **Mapeamento Mental.**

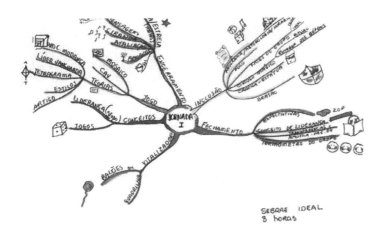

SEBRAE IDEAL
8 horas

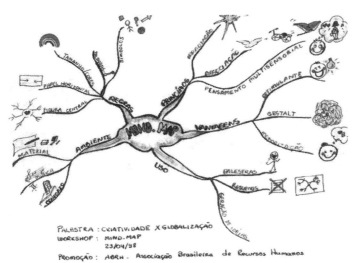

PALESTRA: CRIATIVIDADE X GLOBALIZAÇÃO
WORKSHOP: MIND.MAP
23/04/98
PROMOÇÃO: ABRH - Associação Brasileira de Recursos Humanos

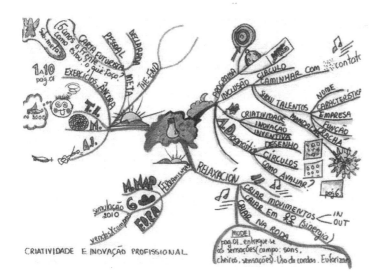

CRIATIVIDADE E INOVAÇÃO PROFISSIONAL

2.3 RELAXAMENTO CRIATIVO

Fazer uma pausa no cotidiano e relaxar pode trazer mais benefícios do que as pessoas imaginam.

David de Prado Díez aponta o sucesso do relaxamento criativo desde o princípio do século, com os mais variados objetivos e em vários âmbitos da atividade profissional:

- Medicina psicossomática: na melhoria de doenças como problemas de coração, asma, dores de cabeça e de estômago etc.

- Psicologia: na superação do estresse vital e de trabalho, para integração e a harmonia pessoal, para energizar e elevar a auto-estima.

- Esportes: para otimizar a concentração e a energia, incrementar a imaginação e a imprevisibilidade das ações frente aos outros times, para a integração psicossomática da equipe.

- Educação: para aprender com maior concentração, incrementar a imaginação e praticar a imaginação nos estudos, tornando as lições divertidas e facilitando o aprendizado.

- Trabalho: para melhorar a atenção e evitar acidentes, prevenir faltas, melhorar a qualidade das equipes de trabalho.

Sentido e Razão de Ser do Relaxamento

O ser humano do novo milênio está em contato com diversos elementos estressantes, dentre eles:

- Ambientes barulhentos.
- Problemas de relacionamento interpessoal.
- Excesso de trabalho.

Tais elementos geram manifestações psicossomáticas que se intensificam a cada dia:

- Tensões musculares, dores de cabeça, rigidez na região dos ombros, nuca e costas.
- Cansaço generalizado.
- Dores de estômago, úlceras, dores de cabeça, taquicardia, pressão alta.

As conseqüências são visíveis e se refletem no comportamento cotidiano de cada pessoa. É comum verificar nos ambientes empresariais:

- Irritabilidade e agressividade.
- Ansiedade.
- Nervosismo.
- Sensação de cansaço.
- Dificuldades para se concentrar e atender às demandas de trabalho.
- Índices de acidentes de trabalho acima dos padrões normais.
- Baixo rendimento e redução da possibilidade de alcançar bons resultados.

O relaxamento criativo traz inúmeras vantagens e melhorias na qualidade de vida das pessoas

- Melhor funcionamento do organismo.
- Promove o descanso reparador.
- Torna cérebro e mente mais eficazes.
- Traz equilíbrio integrado e bem-estar.
- Produz a auto-realização prazerosa.

2.3.1 O Que é Relaxamento Criativo?

Segundo David de Prado, "relaxamento criativo é quase sinônimo de distensão muscular e psíquica, em que há uma baixa de tensão gerada pelo trabalho e pelo esforço que realizam os músculos em ação. Tal estado facilita a recuperação paulatina da calma e do equilíbrio pessoal, levando a um estado de paz. O descanso promovido pelo relaxamento deve-se ao repouso da ação muscular, psicológica e mental. Dessa forma, recupera-se a capacidade de esforço da pessoa, devolvendo ao seu corpo seu estado natural e seu ritmo biológico a partir do repouso reparador. Após umas 3 horas de atividade, todo ser humano precisa descansar, eliminando as toxinas generalizadas das células e a oxidação das fibras musculares. As técnicas de relaxamento aceleram esse descanso integrador das sensações emocionais, físicas e espirituais."

2.3.2 Por Que é Necessário Relaxar?

Com o estilo de vida dos profissionais modernos, faz-se necessário recuperar essa capacidade importantíssima, que contribui consideravelmente para ampliar a sensibilidade humana.

Ferramentas da Criatividade

Podemos relaxar em qualquer lugar, em diversas posições e de variadas maneiras. O importante é valorizar e usar a técnica do relaxamento como ferramenta de melhoria da qualidade de vida e da facilitação da criatividade.

No caso da utilização da técnica de relaxamento criativo em ambiente empresarial, é preciso criar o clima adequado, cuidando de aspectos relacionados a:

❂ Ambiente físico (condições agradáveis de temperatura, iluminação, ventilação, conforto e sons).

❂ Clima emocional de tranqüilidade e calma.

❂ Preparação pessoal (tempo e lugar específicos para relaxamento assim como vestimentas).

❂ Orientações adequadas para o relaxamento criativo.

Princípios do relaxamento criativo e atividades correspondentes	
Princípios	**Atividades**
1. Relaxamento muscular integrador (Técnica de Jacobson – relaxamento progressivo tensão/distensão)	— <u>Simetria</u>: depois de trabalhar um membro, devemos trabalhar o outro. — <u>Dialética</u>: jogar primeiro com uma sensação e depois com a oposta. — <u>Ritmo continuado</u>: manter o mesmo ritmo, tom ou intensidade da voz ao longo do exercício. — <u>Harmonia prazerosa</u>: imagem e sensação positiva de bem-estar, equilíbrio, harmonia e beleza. — <u>Globalidade unitária</u>: sentir o corpo como um todo integrado, visualizá-lo, intercomunicar-se, mover-se e acalmar-se como um ser unitário. — <u>Parcialidade analítica</u>: trabalhar a parte e o todo – fazer o exercício membro por membro, músculo por músculo de modo que todo o corpo seja afetado.
2. Autoconsciência corporal (Técnica de	— <u>Emotividade sensitiva</u>: sentir o corpo em suas tensões, dores e vibrações. Perceber-se.

51

Schutz – concentração mental autógena e do professor David de Prado – relajación imaginativa)	– <u>Visualização imaginativa</u>: visualizar cada membro do corpo tenso e relaxado. – <u>Mudança induzida</u>: visualizar e sentir mudanças e melhorias. – <u>Identificação bionatural</u>: imaginar estados de seres da natureza e transportar as sensações pela imaginação para o próprio corpo.
3. Criatividade para o relaxamento (professor David de Prado Díez)	– <u>Visualização interior</u>: ao detectar uma parte do corpo em estado de tensão, imaginar reações desse membro, procurar recordações que possam ter causado a tensão. – <u>Repetição variante</u>: repetir um exercício várias vezes de diversas formas com criatividade. – <u>Originalidade inventiva</u>: fazer algo como nunca tenha feito, usar movimentos e sons inusuais. – <u>Expressão criativa total</u>: expressar-se com sons, gestos, movimentos, ritmos diferentes. Criar, inovar.

Ao vivenciar um relaxamento criativo, estimulamos as funções do hemisfério direito do cérebro, correspondente à fantasia e à imaginação, ajudando o restante do cérebro a relaxar.

Alguns minutos de relaxamento, por período de trabalho, já trazem benefícios e tornam as pessoas mais tranqüilas para enfrentar os elementos estressantes.

Atividades práticas e criativas que induzem ao relaxamento:

Caminhada sistêmica: 10 a 15 minutos diários de caminhada pela empresa podem servir para realizar um relaxamento criativo. A pessoa que vai realizar a atividade precisa se desligar dos problemas cotidianos e se dedicar ao trajeto percorrido. O tempo da caminhada pode ser aproveitado para perceber cada detalhe do caminho e observar, sem crítica, o layout de outras áreas, a expressão das pessoas, a ventilação, a luz, a decoração, as cores.

Parar para ouvir música: algumas empresas já mantêm um sistema de som com caixas acústicas colocadas próximas às mesas dos colaboradores. É saudável para a mente parar alguns minutos para deliciar-se com o som de uma música harmonizante. Fechar os olhos e colocar os braços relaxados ao lado do corpo enquanto a música tocar. Esta atividade conduz a um breve relaxamento e abre espaços na mente.

Tirando o peso dos ombros: sentado na própria cadeira de trabalho, feche os olhos e gire lentamente a cabeça como se estivesse desenhando a letra "O". A seguir, mude a direção do giro. Faça isso umas cinco vezes e sentirá os ombros mais leves.

Imaginação criativa: feche os olhos, deixe os braços caídos ao longo do corpo e traga à sua mente um momento agradável que passou há pouco tempo. Recrie o cenário em cores, sons, movimentos, pessoas e paisagem. Imagine a cena como uma pintura e coloque uma moldura imaginária. Dê um nome à cena. A seguir, desenhe essa cena em uma folha em branco. Guarde em local onde possa revê-la de vez em quando.

Tirando os pés do sapato: algumas vezes, durante o dia, tire os pés dos sapatos e mexa os dedos, gire a ponta do pé. Faça uma breve massagem na sola, um pé de cada vez.

2.4 LIDERANÇA POR MEIO DOS ARQUÉTIPOS

O profissional do terceiro milênio necessita viver seu processo de desenvolvimento.

Este ser humano é alguém que deve empreender uma jornada de aprendizagem contínua frente aos desafios da vida.

Os arquétipos, alvos deste capítulo, são estruturas básicas do inconsciente coletivo, potencialidades diversas de expressão e realização pessoal, que configuram uma herança psicológica geral da qual somos depositários de todos os seres humanos. Os arquétipos influenciam nossos comportamentos, atitudes e formas de enfrentar a vida.

Os arquétipos se manifestam na religião, na arte, na literatura e em outras formas de cultura.

Cada um tem uma estrutura básica. Podemos nos apropriar de um ou vários arquétipos em nossa vida. Eles nos guiam de forma não consciente em nossos planos pessoais – tanto com mensagens positivas quanto negativas, apresentando seu lado luminoso e o seu lado sombrio. Reconhecer cada um dos arquétipos é um passo fundamental para conhecermos nossa realidade interna.

2.4.1 O Caminho do Viajante

"*Cheguem até a borda*, ele disse.
Eles responderam: *Temos medo!*
Cheguem até a borda, ele repetiu.
Eles chegaram.
Ele os empurrou... e eles voaram."

(autor desconhecido)

Voar, para muitos de nós, significa superar limites, ir além do horizonte, enfrentar o desconhecido, ir em busca do sonho.

Parece uma tarefa fácil e ao alcance de todos. E deveria, se não estivéssemos sob a égide de mandatos e padrões que, na maioria das vezes, nos paralisam frente aos desafios.

Os modelos de gestão, ainda em fase de realinhamento, conservam paradigmas que, no lugar de estimular as pessoas à aventura e ao risco, fazem com que tenham medo do novo.

O Caminho do Viajante tem como função básica **estimular o profissional a ajudar suas equipes a alçar novos vôos.** Empurrar as pessoas, quando estiverem prontas para voar! Descobrir a mágica da liderança, em qualquer posição que ocupe na organização.

É necessário passar pelo Caminho do Viajante e aprender a conviver com o medo e o domínio, o risco e a confiança, a certeza e a incerteza, o alvo e o caminho.

Ferramentas da Criatividade

Principais competências acionadas pelo viajante

- Liderança
- Comunicação
- Visão Sistêmica
- Tomada de Decisão
- Planejamento
- Inteligência Emocional
- Relacionamento Interpessoal
- Iniciativa
- Capacidade Empreendedora

A estratégia do viajante

Características do Arquétipo	Vantagens Proporcionadas pelo Domínio Deste Arquétipo
OLHAR DO VIAJANTE: O viajante tem o coração aberto ao desconhecido, supera medos, preconceitos e certezas. Desfruta a viagem, valorizando o caminho. Está aberto a novos pontos de vista e se mistura às formas de vida, culturas e maneiras distintas que encontra pelo caminho, tornando a viagem mais agradável e desafiante. A POSTURA DO VIAJANTE: O turista delega sua viagem a uma agência e segue a programação feita por outros. O viajante tem meta própria, é um verdadeiro explorador, deixa-se seduzir pelo encanto do inesperado. Engana-se, refaz sua rota. Leva pouca bagagem. Cresce com a caminhada. Faz do estranho o conhecido. Assume a vida como uma aventura que vale a pena ser vivida, sem nunca perder o entusiasmo, a capacidade de aprender e de surpreender-se. O viajante está sempre disposto a enfrentar de tudo: o	Autoconfiança. Interesse pelo novo. Crença nas possibilidades de alcançar resultados por intermédio das pessoas. Flexibilidade para lidar com as diferenças individuais. Entusiasmo com projetos em andamento. Capacidade para enfrentar as dificuldades com coragem, persistência e energia. Exploração e identificação de oportunidades nas quais os outros enxergam o caos. Reconhecimento dos erros e facilidade em refazer planos sempre que necessário. Capacidade para aprender com sua equipe. Habilidade para correr riscos calculados.

continua

Líderes Inovadores

Características do Arquétipo	Vantagens Proporcionadas pelo Domínio Deste Arquétipo
programado e o inesperado. Se cai ou se machuca, em vez de parar e reclamar, levanta-se e encontra a cura para seguir a viagem, sem buscar culpados. O PERFIL DO VIAJANTE: Explora o mundo externo e também o interno, trabalhando na construção permanente de sua identidade. Cultiva a paixão pelo conhecimento, tem espírito pioneiro e abraça as causas pelas quais vale a pena lutar. Escuta seus sentimentos, enfrenta seus temores, identifica suas necessidades e descobre seus sonhos e dons.	Senso de exploração. Constante busca do auto-conhecimento como fonte de fortalecimento da auto-estima. Identidade forte. Sensibilidade para identificar suas próprias necessidades, sonhos e medos. Consciência de que é o responsável pela própria vida, pela liderança pessoal.

Quando adotamos a estratégia do viajante, passamos pelas etapas que se seguem:

1ª – Postura de estabilidade: caracterizada pela aceitação da rotina e pela ausência do espírito explorador.

2ª – Sinal de alerta: causado por algum acontecimento que nos tira da zona de conforto. Por exemplo, uma perda ou mudança inesperada na vida pessoal ou profissional. Agindo como alavanca para a ação.

3ª – Encontro com as sombras e dragões: frente ao desconhecido, emergem os temores. Medos oriundos da perda de estabilidade aparecem nessa etapa, como sombras e dragões tentando paralisar nossa ação.

4ª – Encontro com aliados: na travessia do viajante sempre há aliados. Eles se manifestam por meio de pessoas, do resgate de crenças, de personagens do mundo mítico ou do encontro com o lado espiritual.

5ª – Despertar da consciência: nessa etapa começamos a descobrir uma nova consciência de nossas reais possibilidades, da missão e dos desafios que teremos de enfrentar. É o momento do clique, do acordar para novas possibilidades. A luz no fim do túnel.

6ª – Celebração: ao assumir a travessia como uma aventura de descobrimento, o viajante finalmente vê-se livre dos dragões e encontra o seu herói interior. Alça vôos próprios.

2.4.2 O Caminho do Guerreiro

"Para converter-se em um sábio é necessário transitar pelo caminho do guerreiro.

Um guerreiro não é alguém que vai à guerra matar pessoas e, sim, aquele que demonstra integridade em todas as sua ações e um controle sobre sua própria pessoa.

Um guerreiro vive cada momento de sua vida sem orientar-se pela complacência ou pelo lamento, sem ganhar ou perder, está sempre alerta e lúcido a tudo que o rodeia. Age com abandono de si mesmo de maneira impecável.

A impecabilidade do guerreiro evoca uma atitude interior, uma luz que se aproxima notavelmente da humildade e da aceitação de viver imerso na eternidade, transformando cada circunstância vital em um desafio vivo e sincero. Ninguém nasce guerreiro. O caminho continua até o final de nossas vidas."

(Carlos Castañeda)

Somos por natureza imperfeitos. Entretanto estamos em constante evolução.

O guerreiro é um arquétipo que pode nos orientar na jornada pessoal do desenvolvimento.

O comportamento guerreiro pode se manifestar de forma intolerante ou construtiva. A última conduz à sabedoria e referenda as ações de forma positiva.

Principais competências acionadas pelo guerreiro

- Liderança
- Comunicação

- Visão Sistêmica
- Tomada de Decisão
- Planejamento
- Relacionamento Interpessoal
- Capacidade de Trabalhar sob Pressão
- Capacidade Empreendedora

A estratégia do guerreiro

Características do Arquétipo	Vantagens Proporcionadas pelo Domínio Deste Arquétipo
Fomenta o espírito de luta para atingir resultados significativos. Age como os guerreiros épicos, colocando limites e preparando-se para proteger seu reino das ameaças externas. Arma-se de coragem, lealdade, integridade, disciplina e perseverança na busca de seus sonhos. Consegue alianças e parcerias fundamentadas em um comportamento ético, pautado pela sensibilidade no trato e na convivência com as pessoas à sua volta. Alia os interesses coletivos aos interesses pessoais. Trata com justiça os seus soldados. Toma decisões orientando-se pelo coração e pela razão. Canaliza sua energia e sua agressividade, com coerência e habilidade, para objetivos construtivos.	Capacidade de automotivação, de energizar pessoas obtendo adesão e resultados da equipe, sensibilizando-a para lutar por um projeto coletivo. Habilidade estratégica, percepção de oportunidades e ameaças por meio do monitoramento das variáveis de mercado. Capacidade empreendedora, iniciativa, participação e construção de times de alto desempenho. Formação e fidelização de uma rede de relacionamentos. Visão sistêmica aliada a uma missão pessoal. Reconhecimento de potenciais e talentos dos colaboradores e pares. Flexibilidade e assertividade nas ações. Equilíbrio e bom senso.

Para ser um guerreiro, é preciso enfrentar os desafios do cotidiano com garra, sabedoria e bom senso!

2.4.3 O Caminho do Bom Humor (Bufão)

"O trabalho é a manifestação visível do amor.

E se você não consegue trabalhar com amor, mas apenas com desprazer, é melhor deixar seu trabalho, sentar-se à porta do templo e sugar a alma das pessoas que trabalham com alegria."

(Kahlil Gibran)

Inúmeros profissionais sofrem da "síndrome do domingo" e transformam a vida dos colaboradores e dos colegas de trabalho em um verdadeiro martírio logo no primeiro dia da semana.

É comum ouvir queixas de chefes e colegas que mal olham para as pessoas quando chegam aos seus postos e, regularmente, respondem com atitudes agressivas quando são procurados para resolver alguma questão.

Há casos em que as crises de mau humor estendem-se por toda a semana, promovendo um clima desfavorável à produtividade e às boas relações interpessoais.

Mau humor contamina. Comportamento gera comportamento.

A fisiologia do bom humor é traduzida por gestos naturais, olhos brilhantes, emoção na voz, postura de atenção ao contexto. É preciso achar o caminho da alegria no ambiente de trabalho. Afinal, é trabalhando que passamos a maior parte de nossas vidas.

Principais competências acionadas pelo bom humor (bufão)

- Liderança
- Comunicação
- Flexibilidade
- Criatividade
- Relacionamento Interpessoal
- Inteligência Emocional
- Capacidade de Trabalhar sob Pressão

As estratégias do bufão

Características do Arquétipo	Vantagens Proporcionadas pelo Domínio Deste Arquétipo
Comportamento por vezes irreverente e livre, abrindo sendas para questionamento de limites e rompimento de algumas regras. Compreensão de que a vida é uma tragicomédia e que grande parte de nossa sabedoria é assumi-la com alegria, sem perder a vitalidade. Habilidade para jogar com palavras de forma a minimizar climas tensos. Facilidade para brincar, agir de forma lúdica, rir das dificuldades e contagiar as pessoas, alegrando o ambiente.	Habilidade para estabelecer um clima de espontaneidade e alegria, cedendo espaços para questionamentos, renovação de idéias e melhoria nos processos empresariais. A irreverência é importante para questionar o existente e deixar para trás o que não serve mais. Uso do humor para rir dos próprios erros e dificuldades. Quando tal fato acontece, as pessoas ao redor se sentem à vontade para ousar e inovar, sem o medo da crítica.

O bom humor, quando bem canalizado, estimula a inovação e o surgimento do arquétipo "bufão": aquele personagem que se veste de forma chamativa, coloca um chapéu de várias pontas e diz ao rei tudo que os outros súditos não têm coragem de falar, melhorando a performance de liderança no reino.

O "bufão" evita que o rei passe a vida reverenciando as tradições, as normas, as políticas, os procedimentos, a autoridade etc, sem mudar o que não serve ou não funciona.

2.4.4 O Caminho do Mago

"Como aquele que abre e anima o espetáculo, não será o mago, na verdade, senão um ilusionista que se burla de nós? Ou será que ele esconde uma profunda sabedoria e o conhecimento dos segredos essenciais? Geralmente ele designa o consulente e pode indicar a vontade, a habilidade e a iniciativa pessoais."

(Jean Chevalier e
Alain Cheerbrant)

Lidar e conviver com a diversidade de contextos, em que processos, produtos, serviços e pessoas se misturam no emaranhado de situações do cotidiano, exige um agir baseado na sabedoria – quase um ato de magia. Magia e sabedoria.

Para a maioria dos seres humanos, a palavra sábio está associada às pessoas que se destacaram e marcaram suas vidas.

Ao desvendar a figura do mago, percebemos que seus componentes podem ser de grande valia na liderança de pessoas, servindo como um referencial de ações para melhoria pessoal e profissional.

Principais competências acionadas pelo mago

- Liderança
- Comunicação
- Visão Sistêmica
- Flexibilidade
- Criatividade
- Administração de Conflitos
- Capacidade de Trabalhar sob Pressão
- Planejamento

A estratégia do mago

Características do Arquétipo	Vantagens Proporcionadas pelo Domínio Deste Arquétipo
Poder baseado na sua capacidade de fluir com os acontecimentos e não se deixar descontrolar por acontecimentos externos. Capacidade de enxergar o que está além do óbvio, contatar a essências das pessoas e das situações. Sabedoria para lidar com situações conflitivas, encontrando maneiras de referir-se a elas, nomeando fatos, apresentando dados, promovendo reflexões, sensibilizando para as conseqüências, respeitando posições e reafirmando as suas. Uso da intuição como ferramenta básica quando se vê diante de impasses. Capacidade para descobrir as oportunidades por trás dos problemas.	Tranqüilidade para atuar em momentos caóticos, sem perder o foco, mantendo o controle emocional. Forte tendência a ouvir as pessoas, entrar em seu mundo interior, compreendê-las e descobrir sua essência. Domínio da arte de administrar conflitos. Valorização do conhecimento externo, tanto quanto das impressões internas, nas situações de indecisão. Intuição aguçada. Sagacidade na descoberta de possibilidades, onde os outros só enxergam problemas.

Os estágios da magia

1º Estágio da incompetência inconsciente – A pessoa não sabe que não sabe e desconhece suas dificuldades.

2º Estágio da incompetência consciente – Hora em que surge um clique interno, tornando claro para alguém a sua ignorância: "Agora, eu sei que não sei!"

3º Estágio da competência consciente – Resultado do aprendizado, o que leva ao reconhecimento das próprias capacidades e talentos: "Agora, eu sei que sei!"

4º Estágio da competência inconsciente – Momento do sábio, quando as pessoas não sabem que sabem, mas o aprendizado já ficou armazenado.

Quando nossas lideranças se conscientizarem do seu real papel, reconhecerem o atual estágio de desenvolvimento na trajetória do sábio e percorrerem o caminho até a competência consciente, teremos a nosso favor um exército de profissionais com alta consciência crítica, que provavelmente contribuirão para as transformações que tanto desejam os brasileiros.

2.4.5 O Caminho do Destrutor

"As expressões mais poderosas que uma pessoa pode usar são o SIM e o NÃO. O efeito das duas pode levantar fronteiras ou eliminá-las. Todo aquele que acredita poder fazer leva um sim encerrado em alguma parte, geralmente pronunciado por familiares ou mestres em seu passado. Todo aquele que não crê poder fazer leva um não escondido, proveniente das mesmas fontes."

(Deepak Chopra)

O apego a velhas estruturas de pensamento e antigos paradigmas é uma das mais fortes barreiras à mudança e está diretamente ligado à palavra "não".

O receio do insucesso, da crítica, do novo, nos faz alimentar o senhor das negações.

Estamos diante de um contexto em que empresas e profissionais, que se apegam a paradigmas obsoletos e não renovam suas práticas, têm menores chances de sobrevivência.

As mudanças se mostram urgentes, do campo das atitudes aos processos de trabalho e modelos de gestão. Na era da competitividade faz-se importante destruir e reconstruir paradigmas e estratégias, atuar com agilidade, antecipar-se às demandas e acreditar que o que é sucesso de hoje pode não funcionar amanhã.

O rompimento de padrões obsoletos permite-nos enxergar o lado positivo da renovação. Desafios!

Principais competências acionadas pelo destrutor

- Liderança
- Iniciativa
- Relacionamento Interpessoal
- Tomada de Decisão
- Capacidade Empreendedora
- Flexibilidade
- Capacidade de Trabalhar sob Pressão
- Planejamento

A estratégia do destrutor

Características do Arquétipo	Vantagens Proporcionadas pelo Domínio Deste Arquétipo
Em épocas de mudanças aceleradas é preciso destruir o que não é mais necessário e deixar entrar o novo. O destrutor ajuda-nos a rever posturas de "anulação do que queremos em função do que o outro quer de nós". Precisamos da energia do destrutor para eliminar, com coragem, tudo aquilo que não é autêntico ou verdadeiro: um medo muito antigo, por exemplo. Para usar a energia do destrutor, precisamos enfrentar nossos medos, constatando suas origens. O destrutor ajuda-nos a nos desprender de máscaras, crenças e padrões que nos mantêm presos ao mundo das limitações.	Correr riscos calculados, enfrentando as crises com coragem e ação estratégica. Agir de forma autêntica, com base em valores construtivos. Superar o medo de errar, do novo, da crítica, do "não". Aprender a conviver no caos com harmonia interna. Fazer das derrotas um estímulo para novas tentativas, evitando cometer os mesmos erros. Ser persistente. Desenvolver a capacidade de desapego. Compartilhar conhecimentos e idéias. Atuar de forma flexível e habituar-se a conviver com paradoxos (liderar e ser liderado, ensinar e aprender, perder e ganhar).

O destrutor surge em pequenos hábitos e atividades simples que ajudam a reforçar a capacidade de ousar e renovar.

2.4.6 O Caminho do Mentor

"Estamos no tempo do líder mentor: aquele que prepara seus colaboradores para assumir novas responsabilidades, cuida de seu desenvolvimento, acompanha seus progressos e torna-os senhores de seus destinos. O mentor tem coragem e acredita nos outros. Age com o coração."

A prática do *mentoring* não é novidade e vem se repetindo através da história. Na Antigüidade, discípulos disputavam a atenção dos mestres, e os nobres de famílias mais abastadas contratavam mentores para cuidar do aprendizado e da educação dos seus filhos.

De uns tempos para cá, o papel de mentor saiu do âmbito familiar e vem sendo valorizado no ambiente organizacional.

É importante ressaltar que o mentoramento é uma prática que sempre existiu no momento em que empresários e gerentes focam seu agir na preparação de seus sucessores.

As responsabilidades do mentor implicam investir no domínio de competências de seus mentorados. Demonstrar confiança, delegar e qualificar os valores dos outros exige uma grande dose de humildade e evitação da inveja e competição.

Principais competências acionadas pelo mentor

- Liderança
- Comunicação
- Visão Sistêmica
- Negociação
- Relacionamento Interpessoal
- Capacidade Empreendedora
- Planejamento

Líderes Inovadores

A estratégia do mentor

Características do Arquétipo	Vantagens Proporcionadas pelo Domínio Deste Arquétipo
Parte positiva e sã que equilibra nossa capacidade de ajudar e receber ajuda, de maneira consciente, dando liberdade aos outros. Faz ver que a vida é um intercâmbio: dar, receber e pedir. O mentor ajuda a administrar o nosso julgamento crítico, mediando quando há perigo de "uma guerra civil interior". O mentor está disposto ao sacrifício consciente quando elege ajudar alguém, sem cair na tentação de manipular ou converter-se na figura do mártir. Permite-se escutar nossas necessidades (físicas, afetivas e sociais). Ajuda-nos a acessar nossa criança interior. Mobiliza os recursos internos e externos que nos orientam para a luz, quando estamos na sombra de um arquétipo. Permite-nos confiar no outro, delegar, trabalhar de forma coletiva. Junto com o artista, o mentor nos ajuda a transformar em realidade nossa missão vital.	Capacidade de lidar com o paradoxo de liderar e ser liderado, ajudar e ser ajudado, pedir e oferecer ajuda. Crença de que as organizações funcionam como um sistema de trocas, em que a cada contribuição segue-se um ganho para todas as partes. Empenho e disponibilidade para descobrir potenciais, orientando e favorecendo o desenvolvimento de outras pessoas, sem usar manipulação ou exigir algo em troca. Permanente busca do autoconhecimento como fonte de fortalecimento da auto-estima. Uso da delegação como forma de demonstrar confiança nos liderados.

Você pode fazer sua existência valer a pena. Torne-se matriz e identidade de seus colegas e/ou colaboradores.

2.4.7 O Caminho do Artista

"A mais requintada forma de arte são os negócios. É uma forma criativa de poder ser cada vez mais. Nos negócios, as ferramentas com que trabalhamos são dinâmicas: capital, pessoas, marketing e idéias. Todas com vida própria.

Ferramentas da Criatividade

Logo, trabalhar com estas variáveis e reorganizá-las de maneiras novas e diferentes torna-se um processo muito criativo!"

(Wayne Van Dyck)

Às vezes lidamos com situações e problemas em que as soluções parecem não ser possíveis.

O desânimo vem à tona e chegamos à conclusão de que não vale a pena investir neste ou naquele projeto.

Nessas horas, frente à adversidade, não conseguimos enxergar a saída.

Vivenciamos o medo de correr riscos. Substituímos a ação pela intenção. A autoconfiança vai a zero.

Quando tal fato acontece, no lugar de cultuar o pessimismo, é chegada a hora de apelar para nosso "artista".

O artista é o arquétipo que nos faz entrar em contato com nossa missão pessoal.

Permite-nos descobrir os **projetos que nos entusiasmam,** levando-nos a entregar o melhor que temos e desfrutar tanto o processo quanto o resultado do que fazemos.

O artista nos faz ver as facetas da nossa **criatividade.**

Quando o astral cair, é bom lembrar que há um artista habitando nosso interior, prestes a se manifestar e disposto a despertar o sentimento de mais valia.

Precisamos acreditar que somos capazes de construir, realizar, deixar nossa marca.

É certo que existem muitos bloqueios à criatividade, retardando a ação do artista e tornando a arte dos negócios uma teia complicada com aparência de caos.

Somos responsáveis, porém, pela remoção dos obstáculos que encontramos em nosso caminho.

Principais competências acionadas pelo artista

- Criatividade
- Comunicação
- Relacionamento Interpessoal
- Tomada de Decisão

Líderes Inovadores

⚙ Capacidade de Trabalhar sob Pressão

⚙ Capacidade Empreendedora

A estratégia do artista

Características do Arquétipo	Vantagens Proporcionadas pelo Domínio Deste Arquétipo
Está atento e procura enxergar as sombras, os matizes, os detalhes e os contrastes. Estabelece um contato intenso com seu mundo interno, seu banco de dados, suas experiências, intuições, recordações, idéias e sentimentos, que, quando em contato com o mundo externo, estabelecem um diálogo criativo entre sujeito-realidade. Acredita nas intuições e na conversão dos sonhos em realidade. Adota atitude experimental: está disposto a correr riscos. Mantém permanente compromisso de busca e tem a capacidade de mover-se de um terreno seguro para o desconhecido. Cultua a arte do desprendimento (como Picasso, que, uma vez tendo dominado um estilo, permitia-se experimentar e explorar novas possibilidades expressivas, em vez de acomodar-se com o sucesso conquistado). Capacidade de imaginar, pensar o impensado, dar vida ao inexistente, transformar idéias em realidade. Compromisso com a realização. Sentimento de realização.	Visão sistêmica e sensibilidade para lidar com os diferentes aspectos do papel de liderança. Autoconhecimento: reconhecimento das competências que possui e das que precisa desenvolver. Uso da intuição como elemento para tomada de decisões. Disciplina, tenacidade e compromisso com resultados. Desapego ao que deu certo no passado e curiosidade em relação a novas idéias. Facilidade para conceber, apresentar e viabilizar soluções inovadoras. Persistência ao colocar as idéias em ação. Disponibilidade para ouvir e agregar valor ao trabalho, estimulando as idéias dos outros. Estabilidade emocional e bom humor. Pensamento divergente e convergente (habilidade para focar e desfocar idéias). Uso da imaginação para resolver problemas. Adoção de estratégias diferenciadas para situações específicas.

O artista torna melhor a sua vida e a das pessoas ao seu redor. Com criatividade, sensibilidade e ação, ele modifica o ambiente.

Ferramentas da Criatividade

2.4.8 O Caminho do Crítico

Uma das funções mais exercidas por qualquer ser humano é a crítica.

Cultivamos o hábito de apontar erros, enxergar falhas, descobrir defeitos.

Observando o gesto correspondente à crítica (um dedo apontado para a frente e três em nossa direção), é importante notar que ele nos orienta para a autocrítica.

O hábito de usar a autocrítica como instrumento de desenvolvimento e crescimento pessoal é uma capacidade que pode ser desenvolvida em sua forma construtiva, e que repercute no aperfeiçoamento da habilidade de dar e receber feedback, além de outros benefícios.

A crítica, embora seja um dos elementos mais e melhor nutridos em nossa sociedade, nem sempre é usada de forma assertiva.

Aquele que conseguir transformar seu crítico interno em um aliado, certamente terá uma eterna fonte de retroalimentação, estímulo, apoio e alerta às suas ações.

Principais competências acionadas pelo crítico

- Liderança
- Comunicação
- Relacionamento Interpessoal
- Negociação
- Visão Sistêmica
- Flexibilidade
- Tomada de Decisão
- Capacidade Empreendedora

Líderes Inovadores

A estratégia do crítico construtivo

Características do Arquétipo	Vantagens Proporcionadas pelo Domínio Deste Arquétipo
Papel de assessor interno a partir de críticas construtivas: retroalimenta, estimula, apóia e alerta. Impulsiona à tomada de decisão quando estamos confusos ou paralisados. Faz-nos superar o medo, crescer e avançar. Ajuda-nos a confiar em nós mesmos, evitando buscar fora de nós as fontes de autoridade. O verdadeiro crítico é flexível e objetivo: analisa os diversos pontos de vista antes de emitir sua opinião, enxerga os fatos como um processo e pratica a difícil arte do respeito (não como um cúmplice anuente, mas com sensibilidade para julgar). Propõe mais do que impõe. Ajuda-nos a aprender com os erros e com os acertos.	Uso da autocrítica como elemento de apoio nas ações de liderança. Capacidade de retomar projetos e idéias, paralisados por indecisões de qualquer ordem. Capacidade de superar o medo do novo, da mudança. Reconhecimento do próprio valor, assegurando a auto-estima e a autoconfiança. Flexibilidade para analisar situações de diversos pontos de vista, em lugar de assumir decisões de forma precipitada. Habilidade para propor idéias, projetos e soluções aos problemas do cotidiano. Capacidade de aprender com os próprios erros e crescer com os acertos.

Superar o lado sombrio do crítico requer uma revisão de nossas crenças, concepções e padrões de comportamento. Na maioria das vezes, não só magoamos as pessoas com nossas críticas, como freamos o avanço institucional e social do meio em que vivemos.

2.4.9 O Caminho da Coerência

Crianças quando se dispõem a brincar, apresentam uma coerência impressionante.

Elas se respeitam, dizem o que pensam, montam o próprio código de ética, praticam o feedback aberto.

O envolvimento de cada uma com o brinquedo faz com que o compromisso com o lúdico seja o lema de todas.

Ferramentas da Criatividade

Divertem-se ao perseguir suas metas, envolvem-se de tal maneira que se esquecem do tempo.

Já notaram como é difícil ao adulto obter a atenção de crianças enquanto elas brincam? Será possível aprender com as crianças?

Adotar atitudes coerentes e espontâneas favorece o sucesso da gestão e estimula a adesão aos liderados nos projetos e metas propostos.

Constatamos que, muitas vezes, é mais fácil administrar fatos do que gerenciar pessoas.

Muitas vezes fala-se em gerência participativa e sequer abrem-se espaços para idéias e sugestões das equipes de colaboradores. Em outros casos, menciona-se que "a maior riqueza que possuímos são as pessoas" e adotam-se políticas que atendem somente aos interesses da organização em detrimento das necessidades dos seres humanos. Há situações extremas em que o posicionamento da liderança é de tal forma incoerente que passa a ser motivo de críticas dentro do próprio grupo.

Principais competências acionadas pelo coerente

- Liderança
- Comunicação
- Flexibilidade
- Tomada de Decisão
- Relacionamento Interpessoal
- Negociação

Líderes Inovadores

A estratégia do coerente

Características do Arquétipo	Vantagens Proporcionadas pelo Domínio Deste Arquétipo
Mantém a fé e a esperança diante da adversidade. Demonstra autoconfiança e otimismo. Age com transparência. Age de acordo com suas crenças e convicções. Apresenta capacidade para romantizar o mundo, ver o lado amável que os outros não vêem. Tem esperança mesmo quando as coisas não estão boas. Carrega pontos de referência que o fazem perceber o mundo como um "lugar seguro". Faz o que fala, de forma respeitosa e natural. Apresenta capacidade de brincar com seriedade.	Acredita em mudanças e que pode colaborar para a construção de uma realidade melhor. Adota postura de otimismo. Demonstra capacidade para correr riscos calculados. Tem facilidade para energizar pessoas. É transparente e coerente nas relações interpessoais. Possui atitude de reverência em relação às pessoas, à vida. Admira e qualifica o que é realizado pela sua equipe e colegas de trabalho. Passa espontaneidade nas relações. Demonstra capacidade de brincar e usar a espontaneidade nas ações do cotidiano.

Agir com bom senso e espontaneidade é condição fundamental para o estabelecimento de um clima produtivo nas relações interpessoais. Hora de resgatar a criança interior!

2.4.10 O Caminho do Amante

> E a vida, o que é, meu irmão?
> (...) É bonita, é bonita, é bonita!
> (Gonzaguinha)

O amor está presente na vida do ser humano, traduzido em diversas formas: na relação entre pais e filhos, entre casais, nas amizades, nas relações familiares e nas relações de trabalho. Essa última, pouco comentada e, muitas vezes, alvo de críticas veladas ou explícitas.

Talvez, por ser pouco compreendido e discutido, o amor nas relações de trabalho é confundido com "relacionamentos amorosos no trabalho".

Nosso texto viaja por essas searas: o prazer de trabalhar, ancorado pelo arquétipo do amante.

O fato de passarmos mais da metade de nossas vidas em ambientes relacionados à educação e à sobrevivência – escola e empresa – torna mais do que necessária a discussão sobre o amor. A busca do prazer, da felicidade, do bom clima nos relacionamentos profissionais está diretamente relacionada à saúde e à harmonização pessoal.

Explicitar o arquétipo do amante é necessário na nossa jornada de desenvolvimento. Ele é o responsável pela formação de nossos vínculos afetivos com as pessoas – nossa força vital em todas as suas manifestações

Principais competências acionadas pelo amante

- Motivação e Energia para o Trabalho
- Relacionamento Interpessoal
- Trabalho em Equipe
- Administração de Conflitos
- Comunicação Assertiva
- Liderança Compartilhada
- Gestão de Talentos
- Flexibilidade e Adaptação a Mudanças

A estratégia do amante

Características do Arquétipo	Vantagens Proporcionadas pelo Domínio Deste Arquétipo
Auto-aceitação e auto-estima. Capacidade de amar a si e aos outros. Facilidade para estabelecer vínculos e assumir compromissos. Amor pelo que faz e realiza. Tendência a desenvolver relacionamentos saudáveis que o capacitam a ser alguém que "faz bem às pessoas". Ele vibra com o sucesso. Capacidade de resolver conflitos As decisões do arquétipo amante estão ligadas ao seu grau de comprometimento. Quanto mais comprometido com a razão de ser da empresa, mais suas decisões vêm de um nível de consciência amorosa e mais acertadamente ele age em benefício do negócio e das pessoas com quem interage. Está em toda parte e se expressa sempre que a alegria e o prazer participam do trabalho feito com reconhecimento e valorização. É o amor que nos motiva quando experimentamos uma ligação intensa com um projeto, com um novo trabalho, com atividades desafiadoras, com uma causa em benefício de todos. Equilíbrio entre corpo e espírito.	Atitude aberta e receptiva ao próximo. Desapego a velhas estruturas e facilidade de adaptação Relações interpessoais construtivas. Capacidade de exercer "coaching". Entusiasmo na ação cotidiana de trabalho. Formação de vínculos positivos com os colaboradores. Estímulo ao grupo e contribuição de um clima de amor ao trabalho. Capacidade de transformar problemas em desafios Valorização do trabalho compartilhado. Respeito às diferenças e capacidade para lidar com a diversidade. Capacidade de lidar com conflitos de forma harmoniosa e efetiva. Valorização dos feitos e resultados pessoais e da equipe. Facilidade para enxergar pontos positivos e qualidades pessoais nos outros. Gosto pelo que faz e realiza. Bom humor.

Para fazer do ambiente de trabalho um local agradável, prazeroso e enriquecido pelas relações interpessoais, é necessário desenvolver e adotar o arquétipo do amante como guia.

Comentários Finais

Na jornada de desenvolvimento de competências, os profissionais poderão identificar os arquétipos que estão influenciando suas ações no mercado de trabalho (e

Ferramentas da Criatividade

na vida), avaliar se são orientados pelo seu lado luz ou pelo seu lado sombra.

O lado sombra de cada um é representado pela **ausência** ou pelo **excesso** dos indicadores de competências .

O decálogo de competências apresentado nesse modelo é um elemento norteador para a formação de uma massa crítica, em que a qualidade supera a quantidade.

Na busca de ocupação de melhores espaços, o profissional em posição e liderança poderá se sobressair, obtendo o reconhecimento pelo seu perfil de excelência.

2.4.11 Atividades Práticas para Cada Arquétipo

A presença dos arquétipos em nosso comportamento pode manifestar-se pelo seu lado luz ou pelo seu lado sombra. O lado luz significa a presença em harmonia e o lado sombra, a ausência ou o excesso.

Para harmonizar ou despertar cada um deles, o gestor poderá optar por incluir em seu cotidiano uma ou mais atividades, tornando-as um hábito construtivo.

VIAJANTE

Nossa vida é feita de caminhadas. Cada pessoa f   ga as experiências acumuladas.

Para refletir sobre a jornada pessoal, o líder poderá usar a metáfora da bagagem e praticar o exercício a seguir.

DESAFIO: refazer a mala de sua viagem pessoal, revendo seu conteúdo.

1. O que você pretende manter em sua bagagem? Faça uma revisão nos valores, crenças, conceitos, aprendizados, enfim, tudo que você acha válido e útil para sua vida atual. Registre a seguir suas decisões.

_____

_____

_____

_____

_____

Líderes Inovadores

2. Para tornar a viagem mais fascinante, precisamos, muitas vezes, nos desfazer de algum conteúdo de nossa bagagem. Às vezes acumulamos coisas que não são necessárias e pesam... Que conteúdos você deseja retirar de sua mala? Faça o exercício, registrando a seguir o que o está incomodando, o que é inútil e o que você não vai mais carregar.

_____

_____

_____

_____

_____

3. Para reforçar suas decisões, escreva em pedaços de papel o conteúdo da resposta anterior (o que vai retirar de sua mala) e faça um ritual de queima das coisas inúteis que estão impedindo seu desenvolvimento.

⚙ Ao realizar este exercício, analise seus sentimentos e as dificuldades e facilidades que teve para " arrumar a mala". Registre esses sentimentos a seguir.

_____

_____

_____

_____

_____

⚙ Reveja quanto você está apegado a valores, crenças, experiências e premissas que não servem mais. Reflita e escreva a seguir seu aprendizado com este exercício.

Meu aprendizado: _____

_____

_____

_____

_____

Ferramentas da Criatividade

GUERREIRO

DESAFIO: construção do escudo pessoal.

O escudo do guerreiro é a arma usada para enfrentar inimigos, perigos, transpor obstáculos e evitar abismos. Simboliza proteção a ameaças.

Ao construí-lo, faça como em um ritual. Selecione os materiais que julgar mais apropriados (cartolina, pincéis, tintas, papel laminado, cola, papel colorido ou outros que sua criatividade imaginar).

Siga um modelo e faça a base do escudo.

Personalize seu trabalho, colocando cores e delimitando o campo do escudo em três espaços.

A seguir, prepare-se para incluir informações nesses espaços.

O centro do escudo é o local de maior proteção. Ali deve ser registrado tudo aquilo que você não quer e não vai deixar entrar em sua vida.

Espaço para registro: _____
_____
_____
_____
_____

Nas bordas, a defesa estará mais flexibilizada. É onde você registra aquilo que vai deixar entrar em sua vida de vez em quando.

Espaço para registro: _____
_____
_____
_____
_____

Atrás do escudo você baixa a defesa e escreve o que vai escolher para sua vida, aquilo que você quer, o que tem valor.

Espaço para registro: _____

Líderes Inovadores

_____
_____
_____
_____

Mantenha esse escudo à vista e, de vez em quando, reveja suas propostas.

Sempre que puder, faça uma análise das coisas que você faz e que não gostaria de fazer. Tente ver se elas podem ser deixadas de lado.

Lembre-se: dizer "não" é uma das decisões mais difíceis do ser humano. O medo da crítica e da rejeição faz com que, muitas vezes, escolhamos o sim, quando nossa vontade é dizer não.

BUFÃO

Acredito que o contexto competitivo em que estão inseridas nossas empresas induz alguns profissionais a agirem de forma austera e fechada. O bom humor ainda é visto como falta de responsabilidade ou seriedade. É preciso mudar esse paradigma e levar alegria para a empresa.

O desafio proposto nesse arquétipo instiga o surgimento da espontaneidade, do lúdico.

Eis algumas sugestões que poderão ser implementadas na medida em que a cultura de sua empresa permita. Lembre-se, você poderá ser o elemento capaz de alavancar o bufão.

1. Aproveite as datas festivas do ano e estimule sua equipe a se caracterizar de acordo com elas: festas juninas, Dia do Índio, carnaval, Dia da Criança etc.
2. Dê a idéia e participe de um grupo de "contação de causos engraçados", que poderá se encontrar em um dia da semana, fora do ambiente de trabalho.
3. Estimule a formação de um grupo voluntário para se caracterizar de palhaço e visitar asilos ou creches. Prepare uma peça rápida para apresentar nesses lugares.

Ferramentas da Criatividade

4. Mantenha no ambiente de trabalho um mural de tirinhas em quadrinhos (dessas que saem nos jornais).
5. Leia e presenteie as pessoas com livros e textos engraçados. Pesquise em uma livraria aqueles que se moldam ao seu estilo.
6. Depois de alguns meses, analise o resultado dessa experiência e verifique até que ponto um bom clima de trabalho favorece a produtividade.

MAGO

DESAFIO: complete o quadro a seguir com as CINCO COISAS QUE:

Você sabe fazer bem.	Você não sabe fazer.	Você quer aprender.
1. _____	1. _____	1. _____
2. _____	2. _____	2. _____
3. _____	3. _____	3. _____

Líderes Inovadores

Você sabe fazer bem.	Você não sabe fazer.	Você quer aprender.
4. _____	4. _____	4. _____
5. _____	5. _____	5. _____

Confira esta lista com pessoas que conheçam bem você e peça feedback.

DESTRUTOR

DESAFIO: revisão do disco rígido.

Este desafio exige algumas reflexões:

⚙ Que medos afetam mais você e como estão interferindo em sua vida? Registre a seguir.

_____
_____
_____
_____

⚙ O que você vem deixando para amanhã em função de algum medo, e que já poderia ter feito?

_____
_____

Ferramentas da Criatividade

- Que conseqüências essa atitude traz para seu crescimento pessoal e profissional?

- De quem são as vozes que impedem você de mudar e superar sua capacidade de renovação?

- A que "nãos" elas estão ligadas? Medo da crítica? De não ser admirado(a) e amado(a)? De ser rejeitado(a)? De perder o prestígio?

- Revise seu "disco rígido". O que você pode controlar? Que medos são inevitáveis?

"É preciso ter coragem para mudar o que pode ser mudado, a tolerância para aceitar o que não pode ser mudado e a sabedoria para distinguir as duas situações."

(autor desconhecido)

MENTOR

DESAFIO: vivenciando o mentor

Escolha uma pessoa de sua equipe e vivencie o papel de mentor.

Negocie três metas de ajuda que você possa compartilhar com ela durante um mês.

O mentor é aquele que ajuda sem pedir nada em troca. Está disponível nos momentos de dificuldade e usa seu conhecimento a favor do outro.

Nome do profissional a ser ajudado: _____

Meta 1:	Situação em (data): ___/___/___
✿ O quê? _____	_____
✿ Como? _____	_____
✿ Prazo? _____	_____
Meta 1:	Situação em (data): ___/___/___
✿ O quê? _____	_____
✿ Como? _____	_____
✿ Prazo? _____	_____

Ferramentas da Criatividade

Meta 1:

⚙ O quê? _____

_____

_____

⚙ Como? _____

_____

_____

⚙ Prazo? _____

Situação em (data): ___ / ___ / ___

_____

_____

_____

_____

_____

_____

_____

_____

Após definir o tempo, registre as ações que conseguiu colocar em prática e os resultados alcançados.

Escreva como se sentiu nesse desafio e como a pessoa, alvo de sua ajuda, se manifestou durante o tempo em que foi ajudada.

⚙ Como me senti durante a experiência de mentor.

_____

_____

_____

_____

_____

⚙ Manifestações da pessoa ajudada.

_____

_____

_____

_____

_____

ARTISTA

Dez atividades que estimulam a manifestação do artista interior:

1. Aprender a tocar um instrumento.
2. Freqüentar aulas de dança de salão.
3. Pintar um quadro.
4. Confeccionar uma escultura.
5. Cantar no chuveiro.
6. Escrever poemas.
7. Participar de um coral.
8. Participar de um grupo amador de teatro.
9. Confeccionar origami (arte milenar de dobrar papel).
10. Freqüentar um curso de decoração.

CRÍTICO

DESAFIO: autobiografia criativa.

Utilizando materiais diversos (sucatas, retratos, recorte e colagem), monte um álbum pessoal que ilustre os fatos mais marcantes de sua vida.

Para facilitar a atividade, divida a linha do seu tempo em períodos de 5 em 5 ou de 10 em 10 anos.

Antes de iniciar a construção do álbum, faça um resumo dos feitos que vai registrar.

Você pode categorizar as ações segundo:

Ferramentas da Criatividade

1. Os feitos dos quais se orgulha.

2. Os feitos dos quais não gostaria de ter sido protagonista.

3. Os seus talentos demonstrados em cada período de vida.

4. Seus heróis.

5. Os mitos do passado e do presente.

6. Os amigos que você cultivou durante a vida.

7. Os novos amigos.

Líderes Inovadores

8. Os amigos que marcaram sua adolescência e que o tempo separou.

9. Os sonhos realizados.

10. Os sonhos ainda por realizar.

11. Como você se vê daqui a 20 anos?

12. Outros fatos que marcaram sua vida ou que mereçam registro.

Ao montar sua biografia criativa, reflita sobre cada período e cada fato, procurando resgatar sua história e buscando maior conhecimento sobre si mesmo. Reveja o álbum sempre que puder. Guarde-o em local de fácil acesso.

COERENTE

Nosso modelo é a criança. Resgatá-la em sua espontaneidade e coerência é o desafio sugerido.

Atividade: relembre algumas brincadeiras de criança. Adote uma delas como prática (com seus filhos ou outra criança do círculo freqüentado por você).

Dez dicas:
1. Soltar papagaio (pipa).
2. Jogar pião.
3. Jogar bolinha de gude.
4. Desenhar.
5. Ler histórias em quadrinhos.
6. Ver desenhos animados.
7. Colecionar carrinhos.
8. Recortar e colar.
9. Cantigas de roda.
10. Cantar (pode ser videokê... diversão garantida).

AMANTE

Gostar do que faz é fundamental para o sucesso profissional.

Atividade: para avaliar o nível de satisfação na carreira pessoal, reflita e registre os resultados de suas reflexões nos questionamentos a seguir.

Enquete sobre nível de satisfação no trabalho

Numa escala de 0 a 10 marque seu nível de satisfação para cada um dos indicadores.

A – Profissão escolhida

1☐ 2☐ 3☐ 4☐ 5☐ 6☐ 7☐ 8☐ 9☐ 10☐

B – Atual função

1☐ 2☐ 3☐ 4☐ 5☐ 6☐ 7☐ 8☐ 9☐ 10☐

C – Empresa onde atua

1☐ 2☐ 3☐ 4☐ 5☐ 6☐ 7☐ 8☐ 9☐ 10☐

D – Equipe de trabalho

1☐ 2☐ 3☐ 4☐ 5☐ 6☐ 7☐ 8☐ 9☐ 10☐

E – Remuneração

1☐ 2☐ 3☐ 4☐ 5☐ 6☐ 7☐ 8☐ 9☐ 10☐

Caso sua avaliação fique abaixo de 6 utilize uma das ferramentas deste livro para gerar idéias e planejar uma forma de reverter a situação.

Lembre-se: a inovação é a capacidade de melhorar o que já existe. Se você não está satisfeito com alguma situação específica em seu trabalho ou profissão, use a criatividade para transformar o problema em oportunidade.

2.5 PENSAMENTO LATERAL E OS SEIS CHAPÉUS

Todos os profissionais que lideram equipes ou projetos exercem a função de liderança.

O bom líder é um jogador. Usa o jogo dos gestos, das palavras, do olhar, da persuasão e do convencimento na hora certa. Ele "dança conforme a música", sabe lidar com diversos tipos de colaboradores, pares e superiores, respeita e procura atender seus sonhos e desejos com a percepção altamente aguçada.

O bom líder não confunde "gato com lebre" e tem seu código de ética bem definido.

Existem vários atributos que compõem o perfil do bom líder. Entre eles:

- Visão do negócio.
- Habilidade para gerenciar talentos.
- Criatividade para resolver problemas.
- Compromisso com resultados.
- Senso de orientação para metas.
- Automotivação e autocontrole.
- Busca permanente de desenvolvimento.

Além desses e de outros atributos, uma das ferramentas imprescindíveis para o sucesso das ações de liderança refere-se às atitudes e aos comportamentos assertivos do líder no processo de relacionamento interpessoal com as equipes que fazem parte de seu contexto de trabalho.

No universo empresarial há líderes SONHADORES e VENDEDORES DE ILUSÕES. Os sonhadores agem de forma interativa, e os vendedores de ilusões agem de forma reativa.

Segundo Aurélio, "INTERAÇÃO" é a ação que se exerce mutuamente entre duas ou mais pessoas e "REAÇÃO" é o ato de reagir, é a resposta a uma ação qualquer, por meio de outra ação que tende a anular a precedente. É uma força que opõe a outra. Logo, os líderes sonhadores têm maiores chances de obter resultados por intermédio das pessoas.

2.5.1 A Ferramenta dos Seis Chapéus para Lideranças

Edward De Bono, autor do livro *Seis Chapéus* e um dos maiores pesquisadores do pensamento criativo na atualidade, afirma que o ser humano age e reage de seis formas básicas, colocando simbolicamente chapéus coloridos, de acordo com seu estilo.

As equipes são compostas por diversos tipos de pessoas, diferentes de nós, individuais, únicas e com necessidades e comportamentos específicos. Elas compõem a força de trabalho com a qual trocamos idéias, projetos, sonhos, produtos e serviços. Vejamos os seis estilos mais comuns que existem nas organizações.

Os chapéus e os modos de ação daqueles que os adotam

Preto

A base do chapéu preto é o pensamento lógico negativo.

Com sua cautela, o profissional de chapéu preto procura argumentar criticamente, perguntando sobre riscos e falhas, apontando situações adversas que por acaso possam ocorrer.

Relembra fracassos do passado, tem facilidade para identificar falhas e defeitos e quer a garantia de um bom resultado.

Pode dar a impressão de que é "do contra", porém é uma figura imprescindível nas decisões que envolvem riscos, projetos novos e empreendimentos com altos custos. Ele colabora com a sua capacidade crítica e seu comportamento racional.

Liderar um colaborador com chapéu preto exige o uso de imparcialidade, fornecimento de dados objetivos, projetos bem elaborados, planos claros nos quais as metas, definições de funções, orçamentos e previsão de resultados estejam incluídos.

O profissional de chapéu preto pode ser um excelente assessor nas tomadas de decisão, desde que o líder respeite seu estilo e leve em conta suas ponderações.

O lado "sombra" do chapéu preto são o excesso de crítica e a dificuldade para visualizar o contexto de forma global.

Para lidar com o profissional de chapéu preto, o líder precisa ter abertura para receber feedback, habilidade para ouvir e refletir, e humildade para perceber que não é o "dono da verdade" só pela função que exerce.

Palavras-chave:

- Cautela
- Astúcia
- Objetividade
- Verdade
- Franqueza
- Decisões pensadas

Branco

A base do chapéu branco é a objetividade e a isenção. Geralmente o profissional de chapéu branco apresenta perguntas bem elaboradas, de forma clara e direta sobre o tema em pauta. Quando argumenta, ele está livre de idéias preconcebidas. Argumenta sobre fatos e dados.

Seu comportamento é tranqüilo. Quem usa o chapéu branco fala pouco e só interfere quando necessita de mais informações. Não apresenta comportamentos muito combativos. Tem paciência. É um excelente parceiro em negociações ou reuniões de administração de conflitos.

No dia-a-dia, tem bom relacionamento, justamente por ser uma pessoa que ouve, pondera, reflete sem preconceitos e tira conclusões após analisar os fatos.

O lado "sombra" do chapéu branco é o excesso de neutralidade, que pode parecer omissão ou falta de vontade de contribuir.

Poderá ser aproveitado como *coaching*, em reuniões de negociação, administração de conflitos e composição de assessorias a líderes de equipes em que predomina o chapéu preto.

> *Palavras-chave:*
> - Tranqüilidade
> - Paz
> - Imparcialidade
> - Negociação
> - Docilidade
> - Mediação

Azul

A base do chapéu azul são a objetividade e a capacidade de síntese. O comportamento do profissional de chapéu azul é de controle. Ele faz as perguntas certas, expõe sua necessidade, ouve, pergunta de forma direta sobre o produto ou serviço. Quando faz objeções, é claro e exige respostas às suas questões. Passa a impressão de que "sabe o que quer".

Seu ponto forte é a capacidade de analisar os fatos com propriedade, facilitando conclusões e decisões emergenciais.

É um chapéu que orienta todos os outros, chamando o grupo para o objetivo principal.

Quem liderar alguém com chapéu azul pode contar com um excelente planejador e "tocador de projetos". Com sua capacidade de perceber falhas e dificuldades, bem como acertos e facilidades, age com justiça e obtém a adesão das equipes.

Seu lado "sombra" aparece se houver excesso de controle e preocupação demasiada com o que foi planejado, impossibilitando a mudança de planos (inflexibilidade).

Palavras-chave:

- Boa memória
- Percepção aguçada
- Realização pelo planejamento
- Capacidade de análise
- Capacidade de síntese

Vermelho

A base do chapéu vermelho é a emoção. Quem o usa torna visível seus sentimentos. Provavelmente o líder perceberá no colaborador, ou cliente com chapéu vermelho, se ele está gostando ou não do que vê ou ouve, observando suas expressões faciais, seu tom de voz, seus argumentos, suas hesitações ou gestos afirmativos.

Além da facilidade para demonstrar emoções, o profissional de chapéu vermelho percebe os sentimentos dos outros, por ter a sensibilidade aguçada. Gosta de ajudar e não tem dificuldade para pedir ajuda.

Seu lado "sombra" surge quando a emoção é tamanha que ele não consegue administrá-la. Então, se excede na raiva, na agressividade, na tristeza, na paixão, na mágoa ou em outros sentimentos que prejudicam sua harmonia.

O líder que tem em sua equipe pessoas com chapéu vermelho pode contar com seu entusiasmo e comprometimento, pois elas gostam de fazer as coisas com paixão. No entanto, deve ter cuidado ao tratar o profissional do chapéu vermelho, pois pode magoá-lo caso aja com agressividade (mesmo que velada) ou com desconfiança.

Palavras-chave:

- Sensibilidade
- Emoção
- Amizade
- Transparência
- Verdade
- Afetividade

Amarelo

A base do chapéu amarelo é o pensamento lógico positivo (ao contrário do preto).

As atitudes e o pensamento do profissional de chapéu amarelo são otimistas. Seu comportamento é de curiosidade e suas perguntas têm caráter especulativo-positivo. Seus argumentos quase sempre tendem a demonstrar vantagens, e sua necessidade é detectar coisas positivas para si mesmo e para sua equipe em curto prazo. O profissional do chapéu amarelo é capaz de ser lógico e prático, além de falar sobre seus sonhos e esperanças. Sua postura é de interesse. Raramente adota comportamentos "do contra" e pode ser um aliado fiel do líder, quando o objetivo for ampliar a rede de contatos na empresa ou aprovar algum projeto ou idéia.

O lado "sombra" do chapéu amarelo surge quando há excesso de otimismo e falta de visão do contexto em que o projeto está inserido. Nesse caso, suas decisões poderão provocar prejuízos ou resultados medíocres.

Palavras-chave:

- Energia
- Brilho
- Calor
- Positivismo
- Animação
- Vida

Verde

A base do chapéu verde é formada pela criatividade e pela inovação. Aqueles que o usam procuram inovações no que se refere a produtos e serviços.

O chapéu verde instiga comportamento espontâneo, linguagem persuasiva e provocativa. Provavelmente o profissional de chapéu verde exporá suas idéias de forma criativa e apresentará alternativas como condições de aprovação. É hábil para convencer os líderes e pares.

Nada é impossível para aquele que tem o domínio do chapéu verde. Sua facilidade em gerar grande quantidade de saídas para situações de impasse o torna procurado pelos colegas e líderes.

Líderes Inovadores

O líder que souber aproveitar essa competência do chapéu verde terá ao seu lado um "fabricante de inovações".

O lado "sombra" do chapéu verde pode surgir quando o profissional usa a criatividade sem levar em consideração diretrizes, metas e resultados esperados pela organização e "cria por criar", sem utilidade prática para pessoas ou para a empresa.

Palavras-chave:

- Ousadia
- Inovação
- Espontaneidade
- Ludicidade
- Criatividade
- Flexibilidade

Mediante os vários tipos de estilos e comportamentos encontrados no ambiente empresarial, faz-se necessário preparar líderes para se relacionarem com suas equipes de forma personalizada, aumentando as probabilidades de interação.

Imagine um colaborador de chapéu preto (aquele que se relaciona preferencialmente pelo pensamento lógico-negativo) sendo liderado por uma pessoa que use a mesma estratégia. Há chances de acontecer choques de idéias e abalo das relações interpessoais.

Nesse caso, os chapéus mais apropriados para o líder são o amarelo – da lógica positiva – e o branco – da neutralidade e paciência.

Se liderar é uma competência que envolve o relacionamento com pessoas, faz-se necessário estabelecer uma boa interação entre líderes e liderados.

O uso dos seis chapéus pode ser um dos primeiros passos para o auto-conhecimento e para o conhecimento das pessoas que circulam ao seu redor.

2.5.2 A Ação Criativa e os Seis Sapatos Atuantes

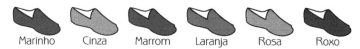

Marinho Cinza Marrom Laranja Rosa Roxo

Edward De Bono, após tornar disponível a metáfora dos seis chapéus, colocou à nossa disposição a ferramenta dos seis sapatos atuantes para designar as diversas formas de ação do ser humano.

Vislumbra-se, no século XXI, oportunidades para profissionais empreendedores, em um cenário em que "interpretar o contexto, tomar decisões e identificar oportunidades de ação" fazem parte do negócio.

Transformar conhecimentos e informações em novos produtos ou serviços é uma competência valorizada nos tempos atuais.

No processo que se inicia com a tomada de decisão e chega até a realização de uma idéia, as pessoas passam por etapas sucessivas que as levam à concretização de seus sonhos:

- PERCEPÇÃO: visualização dos contextos e constatação das necessidades.
- SENSIBILIDADE: automotivação, vontade de interferir no que foi percebido.
- PLANEJAMENTO: definição de objetivos, metas e viabilização de recursos.
- AÇÃO: interferência direta no contexto.

De acordo com De Bono, pensar é somente um lado das coisas. O outro lado é a decisão seguida pela ação. Às vezes há uma fase de pensar distinta seguida de uma fase de decisão e ação. Outras vezes, decisão e ação estão interligadas de modo que o pensar ocorre no curso da ação.

De forma a facilitar os modos de ação, a partir da tomada de decisão, De Bono recorreu à metáfora dos sapatos.

Características	Modos de Ação
Sapatos formais azul-marinho – Lembram a formalidade da própria marinha. – É a cor de muitos uniformes. Remete o profissional às normas, ao treinamento, às rotinas e aos procedimentos formais.	Há situações em que as decisões precisam seguir normas, padrões e o uso da formalidade. De acordo com o problema, os procedimentos sistematizados podem fazer parte da melhor opção. Toda instituição tem suas rotinas. Cabe ao profissional identificar aquelas que restringem suas ações e aquelas consideradas libe-radoras, que servem de ponte para o alcance de objetivos.

Sapatos cinzas

- Sugere célula cinza, massa cinzenta do cérebro.
- Sugere neblina, névoa e dificuldade de enxergar claramente.
- O modo de ação do sapato cinza é a exploração, a investigação e a coleta de dados.
- O propósito da ação é obter o maior número possível de informações sobre o contexto.

Sapatos marrons

- Sugerem terra. Pés no chão, praticidade.
- Também lembram a lama, situações complicadas que não estão bem definidas.
- O modo de ação dos sapatos marrons envolve a praticidade o pragmatismo.
- A iniciativa, a flexibilidade e a prática dão o tom ao sapato marrom.
- Ele pode ser considerado o oposto do sapato azul-marinho – da formalidade.

Além da atenção às normas e rotinas empresariais, o profissional precisa explorar todas as possibilidades de uma decisão. Para superar obstáculos, ele poderá lançar mão do método investigativo:

1. Construir uma ou duas hipóteses: e se eu... o que poderá ocorrer?
2. Estudar a validade e a viabilidade de cada uma delas.
3. Optar pelo curso de ação mais adequado, a partir da validação.
4. Reunir e organizar todas as informações disponíveis sobre o contexto em que a idéia será implementada.
5. Prever futuras possibilidades de aplicação da idéia e seus resultados.

Ao tomar decisões é necessário ser pragmático.

Percebendo que o planejamento tornou-se inviável na sua prática, mude a estratégia.

O sapato marrom sinaliza em direção à flexibilidade, ao bom senso e à sabedoria.

Se uma decisão não é viável e não agrega valor ao negócio, não merece sua energia.

O estilo marrom sugere iniciativa para avaliar a situação de forma imparcial e mudar o que pode e deve ser mudado.

Algumas vezes um empreendimento excelente está sendo colocado em questão no momento inadequado, mas poderá ser a "grande saída" em situações futuras.

Ferramentas da Criatividade

Sapatos laranja

- Sinalizando perigo, explosões, atenção e cuidado, os sapatos laranja sugerem emergência.
- Cuidado e segurança são o modo de ação desses sapatos.
- Indicam situações de alerta.

Usados quando envolvem a tomada de decisão em momentos de crise:

- Nos negócios, quando a situação financeira não vai bem.
- Nos conflitos internos, quando estão presentes greves e outras ações similares.
- Nas crises domésticas que afetam a relação de trabalho e o clima organizacional.

Ao primeiro sinal de desestabilização, os sapatos laranja devem entrar em cena com o seu plano de emergência. A ação proativa evita "apagar incêndios".

Sapatos rosa

- Lembrando calor e ternura, sugerem sensibilidade e conforto.
- O modo de ação rosa pressupõe cuidados, compaixão e atenção à sensibilidade e aos sentimentos humanos.
- Instiga o olhar para o clima de trabalho e as emoções presentes.

Ao tomar decisões, muitos profissionais usam o estilo "trator", passando por cima das próprias necessidades e dos sentimentos dos outros.

Retratam o "fazer a qualquer custo".

Os sapatos rosa dão o equilíbrio e revelam os valores primordiais, a sensibilidade e o cuidado com o outro. Dão o tom humano às decisões e instigam os envolvidos a aderir à decisão tomada.

Sapatos roxos

- Roxa era a cor da Roma Imperial. Sugere autoridade e hierarquia.
- O modo de ação indica o uso do poder conferido pelo cargo, pelo papel exercido.

A estratégia dos sapatos roxos implica mapear o território, identificando pessoas influenciadoras (que serão parceiras) e as que têm autoridade para decidir (a quem apresentaremos nossa decisão). Estar atento à hierarquia é importante na tomada de decisão. O desenho do mapa de poder

> que envolve o contexto ajuda a ampliar o campo de influências daquele que deve decidir.

Para chegar ao sucesso pela tomada de decisão, o líder poderá trabalhar o contexto de forma criativa, usando a metáfora dos seis sapatos atuantes. A partir da análise detalhada da situação, optará pelo uso de um, dois ou mais sapatos. Seus modos de ação auxiliam a atingir os objetivos.

2.5.3 A Prática do Pensamento Lateral

Primeiro Desafio

Identifique seu estilo e o dos seus colaboradores.

Cada pessoa deverá fazer um autodiagnóstico.

Em seguida, passe a ferramenta para cinco ou seis colegas de trabalho, solicitando feedback. Confira sua percepção com a do grupo e obtenha um diagnóstico isento sobre o estilo pessoal. O resultado do diagnóstico individual das pessoas de sua área poderá ajudá-lo a:

- Formar equipes com estilos diversificados.
- Escolher pessoas com perfil adequado para determinados projetos.
- Estimular o desenvolvimento de outros chapéus.
- Verificar excessos e ausência de chapéus na equipe que lidera e providenciar complementação com novos colaboradores.

Autodiagnóstico de estilos de atuação, baseado na metodologia dos seis chapéus pensantes

Marque as 20 características que julga mais marcantes em você.

Ferramentas da Criatividade

Chapéu Preto	Chapéu Branco	Chapéu Azul
( ) Cautela	( ) Tranqüilidade	( ) Organização
( ) Astúcia	( ) Paz	( ) Boa memória
( ) Objetividade	( ) Imparcialidade	( ) Percepção
( ) Verdade	( ) Negociação	( ) Objetividade
( ) Franqueza	( ) Docilidade	( ) Capacidade
( ) Decisões pensadas	( ) Mediação	de análise
		( ) Capacidade
		de síntese
Chapéu Vermelho	**Chapéu Amarelo**	**Chapéu Verde**
( ) Sensibilidade	( ) Energia	( ) Ousadia
( ) Emoção	( ) Brilho	( ) Inovação
( ) Amizade	( ) Calor	( ) Espontaneidade
( ) Transparência	( ) Positivismo	( ) Ludicidade
( ) Verdade	( ) Animação	( ) Criatividade
( ) Afetividade	( ) Vida	( ) Flexibilidade

Escolha cinco colegas de trabalho e peça para responderem ao diagnóstico sobre seu estilo pessoal.

Ferramenta para colegas de trabalho

Marquem as 20 características mais marcantes evidenciadas em mim. Peço que sejam verdadeiros, pois essa ferramenta vai auxiliar em meu desenvolvimento pessoal e profissional.

Chapéu Preto	Chapéu Branco	Chapéu Azul
( ) Cautela	( ) Tranqüilidade	( ) Organização
( ) Astúcia	( ) Paz	( ) Boa memória
( ) Objetividade	( ) Imparcialidade	( ) Percepção
( ) Verdade	( ) Negociação	( ) Objetividade
( ) Franqueza	( ) Docilidade	( ) Capacidade
( ) Decisões pensadas	( ) Mediação	de análise
		( ) Capacidade
		de síntese

Líderes Inovadores

Chapéu Vermelho	Chapéu Amarelo	Chapéu Verde
( ) Sensibilidade	( ) Energia	( ) Ousadia
( ) Emoção	( ) Brilho	( ) Inovação
( ) Amizade	( ) Calor	( ) Espontaneidade
( ) Transparência	( ) Positivismo	( ) Ludicidade
( ) Verdade	( ) Animação	( ) Criatividade
( ) Afetividade	( ) Vida	( ) Flexibilidade

Consolidação do resultado

Registre o número de escolhas e o percentual correspondente a cada chapéu.

Preto	Branco	Azul
Minha escolha:	Minha escolha:	Minha escolha:
%	%	%
Escolha da equipe:	Escolha da equipe:	Escolha da equipe:
%	%	%
Vermelho	**Amarelo**	**Verde**
Minha escolha:	Minha escolha:	Minha escolha:
%	%	%
Escolha da equipe:	Escolha da equipe:	Escolha da equipe:
%	%	%

Anote os dois chapéus mais escolhidos por você e pela equipe que o avaliou:

1º lugar: Chapéu escolhido por mim: _____

1º lugar: Chapéu escolhido pela equipe: _____

2º lugar: Chapéu escolhido por mim: _____

2º lugar: Chapéu escolhido pela equipe: _____

Anote os dois chapéus menos escolhidos:

1º lugar: Chapéu menos escolhido por mim: _____

1º lugar: Chapéu menos escolhido pela equipe: _____

2º lugar: Chapéu menos escolhido por mim: _____

2º lugar: Chapéu menos escolhido pela equipe: _____

Dicas para Reflexão Após Consolidar Resultados

Indicador: Autopercepção e Percepção do Grupo

Situação 1 – coincidência de escolhas por você e pela equipe: significa que você tem uma autopercepção adequada de seu estilo. Aqueles chapéus evidenciados (tanto pela presença como pelo excesso) realmente são os que você percebe como pontos fortes e fracos.

É necessário investir no desenvolvimento daqueles menos apontados e usar os que aparecem mais. O importante é reconhecer a necessidade de utilizar os seis chapéus nas situações que se apresentam no cotidiano empresarial.

Situação 2 – sua percepção é diferente da percepção da equipe: significa que você não está conseguindo demonstrar suas qualidades – ou suas ações contradizem a idéia que tem de si mesmo. Continue a pesquisa em outro ambiente para ver se o problema de percepção está em você ou nos colegas. Caso confirme a diferença de percepção, comece a investir em si mesmo para o desenvolvimento e a expressão daqueles chapéus pouco percebidos no seu ambiente.

Indicador: Presença e Ausência de Chapéus

Situação 1 – escolhas diluídas entre diversos chapéus, com pouca freqüência em cada um: significa que você necessita estar atento à forma como usa os chapéus no dia-a-dia.

Situação 2 – diferença muito grande de escolhas entre os chapéus mais apontados: significa que você está usando muito aquele chapéu mais escolhido em detrimento dos outros. Faz-se necessário observar e usar de forma mais harmônica os seis chapéus, para adotar o lado sombra, do excesso. Por outro lado, aqueles chapéus pouco percebidos significam muita ausência.

Líderes Inovadores

Situação 3 – equilíbrio nas escolhas, não permitindo apontar um ou outro chapéu como o mais expressivo. Pode significar que você está em harmonia com todos os chapéus, usados na hora certa, ou há dificuldade de expressão em todos eles. Faça uma reflexão sobre este fato e comece a colocar em prática a metodologia dos seis chapéus em suas ações.

Reforçando: os seis chapéus são importantes em qualquer empreendimento, projeto ou ação gerencial.

Segundo Desafio

Utilizando a metáfora dos sapatos, descreva sua decisão com base em um ou mais chapéus, de acordo com as situações simuladas.

Item	Resumo dos Modos de Ação
Sapatos formais azul-marinho	✪ Formalidade. ✪ Rotinas. ✪ Procedimentos padronizados.
Sapatos cinzas	✪ Novas hipóteses. ✪ Estudo da viabilidade e das opções. ✪ Organização das idéias. ✪ Previsão de resultados.
Sapatos marrons	✪ Mudança de estratégia. ✪ Flexibilidade, bom senso e sabedoria. ✪ Iniciativa para avaliar a situação de forma imparcial. ✪ Se uma decisão não é viável e não agrega valor ao negócio, não merece sua energia.
Sapatos laranja	✪ Perigo! ✪ Plano de emergência. ✪ Ação proativa, evitando o "apagar incêndios". ✪ Rapidez de decisão.
Sapatos rosa	✪ Equilíbrio. ✪ Pressupõe sensibilidade e o cuidado com o outro.

Ferramentas da Criatividade

> ⚙ Tom humano às decisões.
>
> ⚙ Busca de adesão da equipe envolvida.

Sapatos roxos	⚙ Sugerem autoridade e hierarquia. ⚙ Indicam o uso do poder do cargo do papel exercido. ⚙ Pedem o mapeamento do território e a identificação de quem tem poder.

Situações Simuladas	Chapéu(s) Mais Adequado(s)	Decisões e Justificativas
Este é o impasse: cinco de seus colaboradores reivindicam férias anuais na mesma ocasião (mês de janeiro). Ao todo você conta com nove colaboradores. Você percebe que se os cinco funcionários se ausentarem, haverá prejuízos à produtividade e os prazos poderão ser descumpridos em detrimento da satisfação dos clientes e das metas financeiras de sua área. Você decide.		
Você acaba de obter informação de que sua empresa está abrindo uma filial em outra cidade. Seu superior pede um nome para liderar a nova unidade. Sua equipe é composta por profissionais competentes		

103

e dedicados. Um deles fica sabendo da vaga e vai até sua sala pedindo a transferência, alegando que passa por situação financeira difícil e a promoção poderia ajudá-lo a equilibrar suas contas. Você tem outras pessoas igualmente competentes que também merecem essa chance.

Você decide.

Ultimamente sua área vem recebendo reclamações dos clientes internos. A principal queixa refere-se ao descumprimento de prazos e aos serviços enviados fora do padrão. Seu superior tomou conhecimento do fato e pede providências.

Você decide.

Um colaborador de sua área vem se destacando pela competência e resultados apresentados. Ele é responsável por uma das contas mais rentáveis da empresa. Um líder de outra área o informa de que o colaborador em questão está sendo requisitado por outra companhia. Ele não comunicou tal fato e sua saída do setor trará prejuízos à produtividade.

Você decide.

Desafio real: você descreve sua situação-problema neste campo e utiliza a mesma metodologia para simular sua tomada de decisão.

2.6 MRP – METODOLOGIA DE RESOLUÇÃO DE PROBLEMAS

Por Dora Althayde

Mestre em Criatividade Aplicada Total pela Universidade de Santiago de Compostela – Espanha. Pós-Graduada em Administração de Recursos Humanos/Cargos e Salários, UFBA/CETEAD. Especialista em Gestão da Qualidade, UFBA/CETEAD, Engenheira de Agrimensura. Gerente-Executiva da MRG – Consultoria e Treinamento Empresarial, responsável pela região Norte/Nordeste. Empresa especializada na implantação do modelo de Gestão por Competências, com sede em Belo Horizonte. Facilitadora do projeto PROCIG – Programa de Criatividade e Inovação para Gerentes. Conquistou o prêmio TOP RH/98 – ADVB-SP, com o case "Valorizando a Prata da Casa – Preparando Pessoas para Saltos de Patamar" – BANEB.

2.6.1 Apresentação

Passamos boa parte de nossa vida resolvendo problemas.
As indagações estão presentes em nosso dia-a-dia:

- Como fazer com que meu salário chegue até o fim do mês?
- Como encontrar trabalho?
- Como corresponder às expectativas de meu diretor?
- O que fazer para baixar os custos de minha área?
- Como aumentar as vendas de meu departamento?
- Quando iniciar aquele projeto que vai afetar sobremaneira a vida dos colaboradores da empresa?
- Por que tomar esta ou aquela decisão?

Enfim, nossa vida corporativa e pessoal é repleta de desafios.

Aprender a resolver problemas para alcançar objetivos, atingir resultados e obter satisfação pessoal é importante para todos.

As escolas buscam preparar os estudantes para solucionar os problemas da vida real. As empresas trabalham posteriormente com esses estudantes para que atuem de forma mais efetiva. A sociedade atual demanda novas respostas e formas de agir frente aos problemas.

Este contexto exige métodos que ajudem a gerar novas perspectivas e sejam de fácil assimilação, permitindo a prática usual.

A MRP – Metodologia de Resolução de Problemas – surge para atender a essas necessidades e constitui um modelo, um sistema, um processo para enfrentar um problema de forma imaginativa, que tem como resultado uma ação efetiva.

2.6.2 Os Precursores

Alex Osborn, em 1953, idealizou o primeiro modelo de Solução Criativa de Problemas, baseado em sua experiência no mundo da publicidade. Posteriormente, decidiu levar seu modelo ao campo da educação e se uniu a Sidney Parnes.

Ferramentas da Criatividade

O modelo Osborn & Parnes teve uma grande difusão nos anos 70 e 80 por intermédio do Centro para Estudos em Criatividade (Buffalo–EUA). Os avanços na investigação do modelo de Solução Criativa de Problemas permitiu sua aplicação em diversos aspectos da vida.

A metodologia apresentada neste capítulo tem como base o modelo de quatro passos (MPIA: situação confusa, perspectiva, idéias, ações), uma evolução do modelo de seis passos de Osborn (OFPISA: objetivos, fatos, problemas, idéias, soluções, aprovação).

Apresenta uma estrutura para a aprendizagem dos princípios e da prática de mudanças. A estrutura indica as etapas e os diversos procedimentos, que incluem a comparação de diversas técnicas e análises subseqüentes, por experimentação.

Assim, a estrutura proposta na MRP constitui um sistema por meio do qual pode-se dirigir e influenciar processos de mudanças complexos, usando mecanismos que exploram a criatividade.

A utilização da MRP surte maiores efeitos quando o profissional tem dificuldades para achar respostas ou está indeciso entre uma ou mais alternativas de ação. Não é muito apropriado aplicar a MRP quando já se conhece a resposta para a pergunta ou para o problema.

A MRP pode ser utilizada de forma efetiva por indivíduos, grupos e organizações. É melhor utilizá-la em **grupo** quando:

- o gerente tem por hábito compartilhar suas decisões com a equipe.
- o contexto exige participação democrática.
- há espaços para aproveitar idéias do grupo.
- existe a necessidade de trabalhar o problema adotando perspectivas diversas.

É melhor utilizá-la de forma **individual**:

- em situações nas quais a pessoa se sinta confiante na própria capacidade para trabalhar novas idéias.
- quando todas as informações necessárias estão disponíveis e existe a possibilidade de colocar as próprias idéias em prática.
- situações íntimas ou sigilosas nas quais não seja cômodo ou apropriado compartilhar e comentar em grupo.

Os objetivos da MRP são:

- Sensibilizar as pessoas para os problemas, de modo a perceber suas falhas.

✿ Analisar e verificar o problema com o maior número de dados antes de propor soluções.

✿ Tomar decisões de forma objetiva e realista, a partir de um leque de opções.

2.6.3 Como Utilizar a MRP

Etapas de desenvolvimento

1ª – Preparação

Nesta primeira etapa a situação é examinada por todos os ângulos.
É necessário reunir todas as informações disponíveis e apresentar ao grupo.

2ª – Busca de Novas Perspectivas

Sem o uso da crítica, o grupo faz uma lista de todas as formas possíveis de se ver o problema, utilizando o formato "como?".

Usar a comunicação visual do flip-chart, para que todos do grupo possam acompanhar o registro das idéias.

Todos os "comos" devem ser numerados para facilitar a realização da próxima etapa.

Evitar registro de "comos" complicados.

3ª – Eleição de uma Nova Perspectiva

O grupo elege um "como" que possa gerar idéias novas e úteis.
Essa eleição é a primeira escolha e, posteriormente, haverá novas escolhas.
Quando em grupo, a eleição é feita por votação.

4ª – Etapa da Exploração de Idéias

Utilizar o Turbilhão de Idéias – TI para gerar idéias sobre o "como" escolhido.
Selecionar as idéias utilizando uma lista de critérios e observando os aspectos--chave de uma boa idéia:

Ferramentas da Criatividade

- É uma novidade?
- É economicamente viável?
- É fisicamente possível?
- Atinge todos na empresa?
- Outros indicadores apropriados ao contexto.

Eliminar as idéias que não superem dois ou mais critérios.

Eliminar pelo menos metade das idéias, até que se obtenha uma pequena e boa lista.

5ª – Busca dos Pontos Fortes da Idéia-Chave

Eleger uma idéia, a mais promissora da lista (utilizando os critérios de novidade e potencial para influenciar o problema).

Fazer uma lista dos pontos fortes da idéia escolhida.

6ª – Desenvolvimento da Idéia

Com a mesma idéia, fazer uma lista dos diversos pontos frágeis.

Eleger um ponto frágil e examiná-lo utilizando o "como", porém de forma mais rápida, já que esse problema é menos complexo e mais focado.

7ª – Colocar a Idéia em Prática

Elaborar um plano de ação, usando todas as informações obtidas nas etapas anteriores.

Colocar o plano de ação em prática.

Aplicação

A MRP pode ser utilizada em todos os âmbitos da vida.

A palavra problema é utilizada com um significado amplo, incluindo-se as situações corriqueiras e menos complexas envolvendo tarefas, aproveitamento de oportunidades etc.

Assim, essa metodologia pode ser uma solução de um problema doméstico, de um problema em uma empresa, ou qualquer empecilho que queiramos contornar em nossas vidas.

Com o objetivo de ilustrar a metodologia, vamos utilizar um exemplo simulado e especificar o passo a passo da MRP.

Cenário

A produtividade vem baixando muito no departamento X de uma empresa.

O líder convoca uma reunião em que estão presentes todos os colaboradores do departamento em questão.

Antes de começar a reunião, ele informa que vai usar uma ferramenta da criatividade, que não permite a presença de hierarquia. Todos serão tratados como iguais.

O líder pede a participação do grupo e informa que ninguém deve se omitir e esconder suas idéias e pensamentos a respeito de um problema a ser resolvido em equipe.

Preparação

Expor a situação (baixa de produtividade) e solicitar aos colaboradores que, pouco a pouco, façam um retrato mental da situação do departamento, a partir da ótica individual e pensem em como melhorar algum processo interno que pode estar afetando a produtividade. Devem pensar em todas as possibilidades de melhoria. Esse momento pode ser acompanhado de um pequeno relaxamento com música de fundo.

Pedir que imaginem ações que possam ajudar a melhorar a produtividade, usando a indagação " como?".

Registro

O líder abre espaços para as pessoas relatarem o que pensaram com relação aos "como" e registra as idéias no flip-chart.

Alguns exemplos de " como"

1. Como trabalhar de forma mais cômoda?
2. Como conseguir um ambiente mais descontraído?
3. Como melhorar a relação com os chefes?
4. Como estimular a motivação dos colaboradores?
5. Como conseguir que os colaboradores se sintam parte da empresa?
6. Como conseguir aumento de salário?
7. Como conseguir horários mais flexíveis?
8. Como aproximar os chefes dos colaboradores?
9. Como conseguir mais autonomia e liberdade de ação?
10. Como melhorar o layout da área?

Ferramentas da Criatividade

Eleição de uma Nova Perspectiva

O líder pede aos participantes que escolham aquelas idéias mais promissoras.

Após a votação, vencem as idéias **2** (Como conseguir um ambiente mais descontraído?) e **5** (Como conseguir que os colaboradores se sintam parte da empresa?).

Prioridade

Foi escolhido trabalhar com a idéia **5** em primeiro lugar.

Etapa de Exploração de Idéias

Busca de idéias (por meio do registro livre de respostas)

1. Participação nos benefícios da empresa.
2. Possibilidade de ascensão.
3. Relação pessoal com os altos comandos da empresa.
4. Poder contribuir, com suas idéias, para o desenvolvimento da empresa.
5. Promover reuniões de familiares envolvendo todos os funcionários.
6. Prêmios por produtividade (cursos, viagens, bônus, sorteios).
7. Criar uma equipe de futebol.
8. Poder personalizar seu local de trabalho.
9. Fazer um refeitório na empresa para que todos almocem juntos.
10. Editar um jornal com notícias sobre as políticas e os projetos da empresa, para que todos os colaboradores sejam informados das decisões.

Pré-seleção de Idéias

Idéias / Critérios	1	2	3	4	5	6	7	8	9	10
É uma novidade?	–	–	+	+	+	–	+	+	+	+
É economicamente viável?	?	?	+	+	+	?	+	+	–	+
É fisicamente possível?	+	+	+	+	?	+	+	+	–	+
Atinge todos na empresa?	+	+	+	+	+	+	+	+	+	+

Líderes Inovadores

Os participantes elegem as idéias 3, 4, 7, 8, 10

3. Relação pessoal com os altos comandos da empresa.
4. Poder contribuir, com suas idéias, para o desenvolvimento da empresa.
7. Criar uma equipe de futebol.
8. Poder personalizar seu local de trabalho.
10. Editar um jornal com notícias sobre as políticas e projetos da empresa para que todos os colaboradores estejam informados das decisões.

Priorizam a solução **4** (Poder contribuir, com suas idéias, para o desenvolvimento da empresa) e buscam os pontos fortes da idéia-chave.

Pontos fortes

1. É inovadora.
2. Se der certo, pode ser muito positiva para a empresa.
3. Aumenta a auto-estima dos colaboradores.
4. As pessoas trabalham mais e melhor, se tiverem a possibilidade de apresentar e aprovar as próprias idéias.
5. Não tem custo negativo para a empresa, pois todos são a seu favor.
6. Une todos os membros do grupo.

Desenvolvimento da Idéia

Pontos frágeis

1. Impossibilidade de promoção ou valorização financeira para aqueles que gerarem idéias viáveis.
2. Líder com pouca tendência a ouvir os colaboradores.
3. Falta de habilidade da equipe na apresentação de idéias.
4. Inexistência de um plano de metas explícito e conhecido de todos.
5. Líder com pouca habilidade para defender idéias dos colaboradores frente aos diretores.

Análise dos pontos fortes e frágeis e decisão final

Foi decidido que será colocada em prática a idéia **4**, a partir de algumas ações para minimizar os pontos frágeis:

1. Eleição de um representante do grupo para acompanhar o líder na apresentação de projetos e idéias novas (valorização funcional).

Ferramentas da Criatividade

2. Reuniões sistematizadas para discussão de inovações (uma vez por mês em datas marcadas).
3. Oferta de cursos sobre elaboração de projetos para todos da equipe.
4. Participação do líder em seminário de Liderança Compartilhada (para mudança de atitudes pessoais).
5. Concordância do grupo sobre a questão das promoções – não haverá promoção ou qualquer bônus financeiro para idéias aprovadas. Será instituído o Troféu Criatividade para premiar os colaboradores que conseguirem aumentar a produtividade.
6. Uma equipe da área será responsável por registrar as idéias colocadas em prática e enviar ao jornalista responsável pelo boletim informativo da empresa.

Vale relembrar que todos os registros devem ser feitos em cartões e afixados à vista do grupo.

Para Você Praticar

Eleja uma situação-problema e siga os passos da MRP, registrando suas conclusões no quadro a seguir:

Situação-problema

_____
_____
_____
_____
_____

Preparação

Pensar em todas as possibilidades de melhoria.

O momento pode ser acompanhado de um pequeno relaxamento com música de fundo.

Imaginar ações que ajudariam a melhorar a produtividade, usando a indagação " como?".

Registro dos " *como*":

_____
_____
_____

Líderes Inovadores

Eleição de dois ou três "*como*":

Prioridade

Escolher uma das idéias para trabalhar.

Explorar as idéias usando o TI (registro livre de respostas com numeração).

Critérios \ Idéias	1	2	3	4	5	6	7	8	9	10
É uma novidade?										
É economicamente viável?										
É fisicamente possível?										
Atinge todos na empresa?										

Eleger uma ou duas idéias que apresentem maiores chances de aplicabilidade e respondam aos critérios estabelecidos.

Priorizar a solução que será considerada idéia-chave, apontando os motivos.

Desenvolvimento da Idéia

Pontos fortes

Pontos frágeis

Líderes Inovadores

Análise dos pontos fortes e frágeis e decisão final

_____

_____

_____

_____

_____

Faça um Plano de Ação Simples a partir das Soluções Selecionadas e das Ações para Superar o Problema

Um bom plano deve ser simples, objetivo, indicar claramente o que deve ser feito, por quem, em que prazo e como serão verificados os resultados.
Um exemplo:

Plano de Ação

Objetivo: _____

Coordenador: responsável pelo andamento da idéia e ação.

Atividades	Quem faz?	Quando entregar?	Resultados
_____	_____	_____	_____
_____	_____	_____	_____
_____	_____	_____	_____
_____	_____	_____	_____
_____	_____	_____	_____
_____	_____	_____	_____

BIBLIOGRAFIA

ALDANA, Graciela. *Multiliderazgo Creativo*. Edição MICAT, 1996. Santiago de Compostela, Espanha.

_____. *La Travesia Creativa – Asumiendo las Riendas del Cambio*. Bogotá: Creatividad e Innovación, 1997

BEAUCHAMP, André. *Como Animar um Grupo*. São Paulo: Ser e Conviver, 1999.

BONO, Edward. *Criatividade Levada a Sério – Idéias para Profissionais que Pensam*. São Paulo: Pioneira, 1992.

_____. *Seis Chapéus*. São Paulo: Siamar, 1989.

_____. *Seis Sapatos Atuantes*. São Paulo: Pioneira, 1990.

BUZAN, Tony; BUZAN, Barry. *El Libro de los Mapas Mentales*. Barcelona: Urano, 1996.

CASTILHO, Áurea. *Liderando Grupos – um Enfoque Gerencia*. Qualitymark, SP, 1997.

DE LA TORRE, Saturnino. *Identificar, Disenhar y Evaluar la Creatividad*. Santiago de Compostela: Monografía del Master, 1996.

_____. *Evaluación de la Creatividad*. Madrid: Editorial Escuela Española, 1991.

DÍEZ, David, de Prado. *365 Creativaciones*. - Edição MICAT, 1997 -Santiago de Compostela, Espanha.

_____. *El Torbelino de Idéias*. Barcelona: Editorial Cincel , S.A., 1982. Ed. Paidós.

_____. *La Relajación Creativa*. Edição MICAT, 1998 – Santiago de Compostela, Espanha.

_____. *Diez Activadores Ccreativos*. Edição MICAT, 1998 – Santiago de Compostela, Espanha.

DÍEZ, David, de Prado; FERNÁNDEZ, Helena Rey. *Analogia Inusual*. Edição MICAT, 1998 – Santiago de Compostela, Espanha.

PREDEBON, José. *Criatividade Hoje – Como se Pratica e Ensina*. São Paulo: Atlas, 2001.

WEISS, Donald. *Como Resolver Problemas de Forma Criativa*. São Paulo: Nobel, 1999.